CONFLICTOS DE FAMILIA
Constelaciones familiares

© Adolfo Pérez Agustí (2006-2010-2020)
SPAIN

http://www.edicionesmasters.com
edicionesmasters@gmail.com

CONFLICTOS DE FAMILIA
Constelaciones familiares

Nadie hubiera sospechado que la psicología de familia adquiriría una nueva dimensión que desbancaría a las terapias de grupo y dramatizaciones sociales. Brotando con una fuerza expansiva que asombró incluso a su propio creador, Bert Hellinger, diseñador de las *Constelaciones Familiares* (*Familien aufstellung* en alemán), o "colocar a la familia", es ya una realidad en el mundo de la psicoterapia de grupo desde su modesta aparición a mediados de los años ochenta.

Ahora hay ya al menos en Europa más de 250 profesionales formalmente acreditados que la practican, surgidos en poco más de una década, y eso que su propagación aún no ha llegado masivamente a América, lugar donde está ya alcanzando un modesto éxito. Indudablemente su triunfo se debe, no solamente a la eficacia de la terapia, sino a su relativamente sencilla aplicación y al entusiasmo inmediato que despierta entre los participantes.

Sin embargo, y a pesar de su éxito comercial, hasta hoy han sido pocos los intentos de validación por parte de los "psicólogos/científicos", poco entusiasmados por alguien que les contradice y que utiliza con suma frecuencia la palabra "amor". Sus logros son empíricos, no se puede encuadrar en algo teórico, existiendo solamente pautas para llevar a buen fin una terapia de familia o grupo. Las numerosas cuestiones sin resolver o aclarar, no gustan a quienes nunca han acudido a una de estas constelaciones. Tampoco se sabe si la técnica es eficaz desde el punto de vista psicoterapéutico, y si lo es, para quién o en qué circunstancias puede resultar beneficiosa, lo mismo que no existen datos fiables sobre si los resultados quedan consolidados o, una vez abandonada la sesión, como no hay continuidad, todos los aspectos negativos de sus asistentes vuelven a resurgir.

Tampoco está claro si los supuestos en los que se basa son sostenibles y si la técnica es congruente con ellos. Algunos detractores entienden que se trata de un mero entretenimiento que no merece ser clasificado como psicoterapia. Las críticas son también encendidas en cuanto a cómo actúa y hasta qué punto lo hace y, en todo caso, en qué escuela psicológica es posible encuadrarla.

Tampoco está claro si los supuestos en los que se basa son sostenibles y si la técnica es congruente con ellos. Algunos detractores entienden que se trata de un mero entretenimiento que no merece ser clasificado como psicoterapia. Las críticas son también encendidas en cuanto a cómo actúa y hasta en qué punto lo hace y, en todo caso, en qué escuela psicológica es posible encuadrarla. Los recelos, o simplemente los celos, serían la causa de estos rechazos que en nada han conseguido empañar el empuje imparable que esta terapia ha tenido en todo el mundo.

Bien, nosotros sabemos que la medicina y la psiquiatría tienen mucho interés en poner etiquetas rápidamente, y que cualquier terapia nueva es rechazada a priori por no haber salido de sus escuelas, algo que ya sabemos llevan años haciendo con la Medicina Natural. Así y todo, la expansión sigue adelante levantando una importante polémica, no sólo clínica, conceptual y cognitiva, sino también dirigida a la persona de su creador, Bert Hellinger, ese ex misionero católico formado en el psicoanálisis, al que se ha acusado de excesos ideológicos tales como dogmatismo o antisemitismo, defectos que, de ser ciertos, no invalidan la eficacia de su terapia.

Ahora bien, aún estando justificada la controversia, las *Constelaciones Familiares* merecen una mirada y una reflexión. Fundamentalmente, porque la satisfacción de sus clientes le concede el beneficio de la duda acerca de sus posibles efectos sanadores. Y además, porque aporta una perspectiva generalmente desestimada en las psicoterapias (y en la psicología en general), que reconoce la transmisión, a través de las generaciones, de conflictos, preocupaciones familiares y modos de comportarse que derivan en, o de alguna forma determinan, los problemas psicológicos actuales. Esta perspectiva "hereditaria" dicen que no depende de la transmisión genética, pero entonces no es posible explicarlo mediante otro método conocido hasta ahora. A falta de una hipótesis clara, de la exposición de sus autores se deduce que tal herencia posee más bien el carácter de una transmisión cultural. A tal perspectiva se le debe conceder la duda de su interés clínico, sin perjuicio de los reparos acerca de su validez o de la dificultad de comprobarla.

El ámbito de actuación propio de las *Constelaciones Familiares* lo constituyen los problemas personales, ya sean de índole relacional, trastornos psicológicos propiamente dichos o enfermedades médicas. Últimamente ha encontrado también utilidad en el ámbito escolar, como instrumento para la solución de conflictos padres-escuela o dentro del aula. Un campo de actuación igualmente reciente y que parece prometedor es el de la consultoría de organizaciones y empresas. La información obtenida a través de la aplicación de la técnica, que saca a la luz las interacciones que caracterizan al sistema en cuestión, se utiliza como ayuda para tomar decisiones, tanto relativas a recursos humanos como logísticas. La virtud de esta técnica es que el modo de aplicarla es igual para todos los grupos, lo que aumenta el campo para su aplicación terapéutica. ¿Quién se hubiera podido imaginar que se pudiera hacer terapia de grupo a los trabajadores conflictivos de una empresa? ¿Quién hubiera sugerido que una clase docente pudiera solucionar sus conflictos simplemente con realizar una "constelación familiar"?

Y, además, porque aporta una perspectiva generalmente desestimada en las psicoterapias (y en la psicología en general), que reconoce la transmisión, a través de las generaciones, de los conflictos, preocupaciones familiares y modos de comportarse que derivan en, o de alguna forma determinan, los problemas psicológicos actuales. Esta perspectiva "hereditaria" dicen los científicos que no depende de la transmisión genética, pero nuevamente la física cuántica y su conclusión sobre la no existencia del tiempo y el espacio, aclaran la posibilidad de que los problemas actuales tengan una raíz ancestral. Así que, y a falta de una hipótesis clara, de la exposición de sus autores se deduce que tal herencia posee más bien el carácter de una transmisión cuántica. A tal perspectiva se le debe conceder la duda de su interés clínico, sin perjuicio de los reparos acerca de su validez o de la dificultad de comprobarla.

Los talleres de las Constelaciones Familiares están diseñados para individuos y parejas que buscan la manera de asumir las dificultades de la vida, tanto si se manifiestan como una enfermedad física o en los problemas más habituales de relación social o laboral. También son útiles para aquellos terapeutas y profesionales de la salud que están buscando expandir su forma de trabajar con sus clientes. La conclusión es que puede beneficiar a cualquier persona.

En las Constelaciones Familiares se ofrece un resultado inmediato en la curación psicológica –y en ocasiones física– de las personas y como hemos recibido la vida a través de nuestros padres, la curación de las heridas sentimentales supone un acontecimiento compartido dentro de la familia como un todo.

En la primera etapa, las conexiones difíciles y penosas -que en realidad son grados de desconexión- dentro de nuestra familia, salen a la luz y llegamos a ver hasta nuestros sentimientos más profundos. De forma inconsciente percibimos esta desconexión, tanto más cuando exista una tragedia que haya bloqueado las expresiones de amor. Cuando nos enfrentamos a estos profundos sentimientos, el amor reprimido comienza a surgir, y el respeto que expresa, la aceptación y el amor, comienzan a ser posible.

Una constelación se completa cuando todos los miembros de la familia actual sienten que están en ese lugar ahora, y que pueden mirarse el uno al otro de una manera amistosa.

Es importante decir que la teoría de las Constelaciones Familiares se basa en la observación, en las observaciones realizadas por Bert Hellinger, el creador de este método, y también durante las docenas de talleres que ha dado en todo el mundo. Muchas de las observaciones pueden resultar extrañas a los espectadores que asisten por primera vez a esta dinámica familiar, pero lo que es innegable es que la experiencia, lealtad y amor se ven reflejadas en estas terapias.

Creo, y esto casi lo puedo vaticinar sin miedo, que los postulados de Bert Hellinger solamente acaban de empezar, y en el momento que la clase científica abandone su elitismo, las *Constelaciones Familiares* pasarán a ser la mejor manera de solucionar conflictos de grupo.

CAPÍTULO 1

BERT HELLINGER

Al igual que muchos psicólogos, Hellinger consideró a los padres y a las experiencias vividas en la niñez, como la mayor y principal influencia de los seres humanos, condicionando estos años todo el comportamiento posterior. Sin llegar a las conclusiones de Freud sobre las causas de los complejos o traumas, su particular manera de asumir la fe religiosa le proporcionó cierta fama en su Alemania natal, aunque también cierta animadversión entre las juventudes socialistas o hitlerianas. Con el tiempo, y en la medida en que su fama crecía, fue motivo de vigilancia por parte de la Gestapo, llegando a ser considerado como sospechoso y enemigo de su propia gente. Detenido y obligado a formar parte de las Juventudes Hitlerianas, a los 17 años era ya un consumado soldado, participando en numerosas escaramuzas bélicas, hasta que fue capturado por los aliados y vivió como prisionero de guerra en un campo de concentración en Bélgica.

Pero estos hechos, en si mismos importantes para un muchacho, fueron menos decisivos que su imparable vocación sacerdotal, por lo que una vez puesto en libertad cuando había cumplido ya los 20 años, fue ordenado sacerdote en 1952, empezando un nuevo y largo proceso de purificación silenciosa del cuerpo, mente y espíritu, mediante el sencillo procedimiento de estudiar, contemplar y meditar.

Hellinger había nacido en Stuttgart, Alemania, en 1925, pasando su niñez en Colonia, lugar al que retornó varias veces en su vida. Su vocación religiosa le impulsó a trasladarse a Sudáfrica, donde trabajó en un colegio católico hasta 1968, alternando su labor docente con la ayuda que proporcionaba al pueblo Zulú, llevando igualmente el control de una parroquia local. En una entrevista comentó que estaba satisfecho de su trabajo en África, pues había conseguido que el 13% de todos los negros del lugar asistieran a la universidad, y que en ese mismo tiempo los estudiantes acudieran regularmente a la iglesia.

Aprendió el lenguaje Zulú lo suficiente como para enseñarles cultura y propagarles la fe, contando divertidas anécdotas acerca de la cortesía y dignidad de ese pueblo antaño belicoso. Una de ellas hace referencia a la paciencia que los nativos tenían con su lenguaje, pues era frecuente que una simple palabra mal dicha fuera en realidad un insulto o una tontería.

Con el tiempo empezó a sentirse como en casa con ellos, algo complicado para un europeo. El proceso de dejar una cultura para vivir en otra, labró sus conocimientos en la relatividad de muchos valores culturales hasta entonces aceptados.

Su peculiar capacidad de percibir las relaciones interpersonales y su interés en las relaciones humanas dentro de la diversidad cultural, se hicieron notar en esos años. Observó que muchos de los rituales Zulú y sus costumbres tenían una estructura y una función similar a los elementos de la mayoría de las personas, incluso los cultos europeos, hecho significativo en personas que nunca se habían mezclado. Esto le hizo razonar sobre hasta qué punto las costumbres humanas no están condicionadas básicamente por el impulso natural de la existencia, y no tanto por la educación o el ambiente.

En un intento de analizar las experiencias comunes humanas a todas las razas, experimentó la integración de la música Zulú con la tradicional música clásica y la forma de bailar occidental, aceptando que esa forma de expresión cultural poseía más elementos similares que opuestos. Hellinger se interesa cada vez más por el proceso de las relaciones interpersonales. Observa los rituales de la tribu, su música y el momento de comunión que allí se vive, expresando las experiencias comunes humanas y la compresión de las diferencias.

Pero su compromiso con la buena variedad cultural y humana es mucho más profundo de lo que a primera vista parece, pues de no ser así sus conclusiones hubieran sido solamente un estudio antropológico. En lugar de intentar aproximar las costumbres populares, hizo hincapié en que cada pueblo tiene, simplemente, una forma diferente de hacer las cosas, aunque en lo relativo a la presencia de un dios todos parecen llegar a la misma conclusión: hay que adorarle y respetar sus mandatos.

La siguiente mayor influencia fue su participación en un entrenamiento interracial ecuménico en un grupo dirigido por Clérigos Anglicanos, quienes habían traído de América una nueva forma de trabajar con grupos que valoraban el dialogo, la fenomenología y las experiencias individuales humanas. El anglicanismo en principio acepta como valor máximo la dignidad humana y el respeto ante esa dignidad, siendo la igualdad entre los seres humanos (hombres y mujeres) parte de sus valores fundamentales, hasta tal punto que las mujeres también pueden ser ordenadas sacerdote.

Hellinger experimentó por primera vez una nueva dimensión de cómo cuidar de las almas gracias a estos intercambios tan dispares. Cuenta cómo uno de los anglicanos le preguntó: "¿Qué es más importante para ti, tus ideales o la gente? ¿Cuál sacrificarías?". En ese momento no le respondió, pues necesitaba reflexionar para no precipitarse en la respuesta y su meditación le llevó una noche entera sin dormir. Al día siguiente Hellinger le dijo: "Le estoy muy agradecido a ese Ministro por haberme hecho esa pregunta. En un sentido, la pregunta ha cambiado mi vida y debo reconocer que esa orientación fundamental hacia la gente ha formado todo mi trabajo desde entonces. Una excelente pregunta digna de usted".

Su decisión de dejar la orden religiosa después de 25 años fue relajada y en ningún modo traumática. Esto ocurrió en 1971, cuando decidió dejar la congregación *Marianhiller*

Missionare. Describe que gradualmente se dio cuenta de que ser un sacerdote no era la expresión más apropiada para su crecimiento interno y que necesitaba formar su propia familia. Con una actitud impecable y como consecuencia de tener que tomar la decisión de renunciar a la vida que hasta entonces llevaba y a la que había dedicado tanto tiempo, decidió abandonar también Sudáfrica y volver a Alemania, en donde comenzó un entrenamiento psicoanalítico en Viena. Estos estudios lo conducen a conocer a "Janov`s Primal Scream" (El grito como alivio sanador), lo que le motiva a viajar a Estados Unidos y adentrarse en la psicoterapia del cuerpo. Toma elementos de la *Gestalt*, el *Análisis transaccional* y la *Terapia sistémica familiar*, ahondando en las relaciones intrafamiliares y en cómo actúan determinadas "huellas" del pasado en las nuevas generaciones. De la *Programación NeuroLingüística* toma el concepto de trabajar con recursos en vez de con ideas.

Su paradigma filosófico es Martín Heidegger "por la búsqueda de verdaderas palabras que resuenen en el alma", y su amor por la ópera alemana y por Wagner le acompañan en sus viajes. Sin embargo, un nuevo hecho trascendental ocurrió en su vida cuando conoció allí a su futura esposa, Herta, con la cual se casó, aunque no tuvieron hijos.

Era la época en que la psicología apenas era considerada y la psiquiatría ocupaba el trono del poder para curar a los "enfermos mentales". Todavía vigentes los manicomios, en donde el abominable electroshock era la terapia más habitual para desquiciar aún más la mente de los enfermos, poco espacio tenía el psicoanálisis, aunque la población más culta no opinaba igual. Era necesario hablar más con el paciente en lugar de recetarle fármacos; era necesario mantener al enfermo activo más que dejarlo recluido en un manicomio. Para una persona observadora como Hellinger, el psicoanálisis encauzado hace años por Freud fue indudablemente su siguiente mayor influencia y aunque no estaba doctorado en ninguna de las disciplinas académicas, llegó a ser considerado en 1982 como el primer psicoterapeuta no médico y sus estudios traducidos a 10 idiomas, habiendo conseguido vender nada menos que un millón de copias del total de sus 30 libros.

Teorías y personajes que han influido en Bert Hellinger

PNL (Programación Neurolingüística)

PNL, la Programación Neurolingüística, es el arte y la ciencia de la excelencia personal y profesional, proporcionando a las personas y a las organizaciones las herramientas de comunicación que les permitan obtener los mejores resultados. Estas herramientas de comunicación pueden ser aprendidas por todo el mundo, con el fin de conseguir la mayor efectividad en el desarrollo personal y profesional.
La PNL comenzó su andadura a principios de los años 70, como una tesis universitaria de Richard Bandler, quien, junto a su profesor, John Grinder, se fijaron en los modelos de conducta humana para comprender cómo hacían algunas personas y profesionales para conseguir la máxima eficacia, mientras otras personas, haciendo aparentemente lo mismo, no lo conseguían. Observando el trabajo de prestigiosos profesionales de la psicoterapia y del crecimiento, Bandler y Grinder comenzaron a desarrollar procesos sistemáticos y teorías, que fueron las bases sobre las que se construyó, más tarde, la PNL. Fundamentalmente estudiaron el trabajo de Virginia Satir, una de las mejores terapeutas familiares, de Fritz Perls, desarrollador de la Terapia Gestalt, y de Milton H. Erickson, famoso hipnoterapeuta.
Su trabajó consistió en descubrir los modelos que estos profesionales, tan alejados en sus planteamientos teóricos, tenían en común, y cómo hacían para conseguir unos resultados tan excelentes. Estos tres terapeutas eran diferentes en todo, en sus modelos teóricos, en su forma de abordar las

terapias, en sus técnicas e, incluso, en su personalidad, pero los tres conseguían resultados maravillosos.

En concreto, la PNL puede ayudar a:

Conseguir una comunicación más efectiva con la pareja, con los hijos, en el trabajo o con los amigos.

Comprender cómo funciona la mente y cómo hacer que sea más efectiva, consiguiendo un control sobre lo que se siente y sobre lo que se hace.

Diseñar la vida, sabiendo qué se quiere conseguir en cada área y dando las herramientas para acercarse a los objetivos.

Establecer "sintonía", una de las llaves de la comunicación efectiva.

Establecer buenas relaciones con el pasado, eliminando todo aquello que ya no sirve en el presente.

Ser más efectivo en todas las áreas de la vida, modelándose a si mismo, o a otros, en aquellas estrategias que llevan al éxito.

Arthur Janov

Deseando profundizar sus conocimientos y someter a un análisis intenso todo cuanto leía y aprendía, Hellinger se metió de lleno en su entrenamiento psicoanalítico, leyendo el trabajo completo de Freud y muchas de las literaturas relevantes. Pero como cualquier innovador preguntaba más que memorizaba y cuando su entrenador analista le dio una copia de "Janov's Primal Scream" y su entrenamiento estuvo completo, alegó que un libro no era suficiente. Quería saber más que lo escrito, y no bastándole lo que para otros era suficiente visitó a Arthur Janov en los Estados Unidos, y luego terminó un completo entrenamiento de 9 meses con él y su jefe de formación en Los Ángeles, California; y en Denver, Colorado.

¿Qué aportó Janov en la formación de Hellinger? El término Terapia fundamental y el Análisis transaccional estaban basados a su vez en los trabajos de Eric Berne, quien había alcanzado mucho éxito con su libro "¿Qué dice usted después de decir Hola" ?, fama que no pudo disfrutar pues sufrió un infarto mortal cuando estaba corrigiendo en el hospital su libro "Sex in Human Living".

En la terapia fundamental del psicoanálisis los pacientes son animados a revivir sus primeras experiencias con intensidad, pero Janov sostenía que estas reacciones catárticas liberan demasiadas sensaciones juntas y pueden degenerar en un comportamiento neurótico compulsivo. Por su parte, el análisis transaccional se basa en la teoría de que una persona en interacción con los demás adopta el rol de adulto o de niño, independientemente de la edad. Cuando estamos delante de nuestro anciano padre, de un juez, del médico o del inspector de Hacienda, todos tendemos a pedir ayuda, comprensión o sosiego, casi de igual modo a cuando éramos niños. En la terapia de grupo se enseña a reconocer esta situación, a comprender cuándo el actuar como un padre autoritario o como un niño impulsivo puede ser inadecuado, y a comportarse como adulto el mayor tiempo posible.

Pero sus conclusiones y estudios no eran bien aceptados por los profesionales de entonces y ahora sabemos que la comunidad psicoanalítica de Viena no estaba entusiasmada con respecto a esta manera de incluir una experiencia basada en el cuerpo con fines terapéuticos, y de nuevo se cuestionó: ¿Qué era más importante, la lealtad a un grupo o el amor, ¿la verdad y la pregunta? Insistía en que los estudiosos deben poder preguntar con libertad, y eso le llevó a separarse de modo inevitable del psicoanálisis tradicional, aunque siguió estudiando los modos vigentes, pues en ellos encontraba todavía muchos conceptos interesantes que debía incorporar a sus propias reflexiones. Su habilidad en la psicoterapia basada en el cuerpo, le recordó de una o de otra manera que debía permanecer como un elemento esencial en su largo trabajo después de que su asociación con Janov empezara a dar frutos.

Psicología Gestalt

Muchas otras escuelas terapéuticas tuvieron gran influencia en su trabajo, entre ellas los grupos dinámicos de los Anglicanos, con la necesidad fundamental de los seres humanos de alinearse así mismos con las fuerzas de la naturaleza, y los Zulúes en Sudáfrica; el psicoanálisis que aprendió en Viena, y el trabajo del cuerpo que aprendió en América.

Desarrolló un interés en la terapia de Gestalt a través Ruth Cohen y Hilaron Perzold, los cuales más tarde combinó. La esencia de esta terapia se puede resumir así: *"La percepción humana no es la suma de los datos sensoriales, sino que pasa por un proceso de reestructuración que configura a partir de esa información una forma, una **gestalt**, que se destruye cuando se intenta analizar, y esta experiencia es el problema central de la psicología"*.

Gestalt es un término alemán que puede traducirse malamente por "forma", "totalidad", o "configuración", pues la forma de cualquier cosa está compuesta de una "figura" y un "fondo", una configuración. Algunas situaciones que nos preocupan y se sitúan en el momento actual como "figura", pueden convertirse en situaciones poco significativas, pasando entonces al fondo. Cuando ello ocurre cerramos una Gestalt, nos concentramos en el "fondo" y surge entonces otra Gestalt motivada por una nueva necesidad. Este ciclo de abrir y cerrar Gestalts es un proceso permanente, que se produce a lo largo de toda nuestra existencia.

La idea es realizar un enfoque holístico, percibir al individuo en su totalidad, pues "el todo es más que la suma de las partes"; nada existe por sí solo, aislado. Hay que variar, por tanto, el "enfoque" de nuestros deseos, un nuevo estilo de vida. Para ello hay que comenzar a percibir aquello que nos rodea y no teníamos en cuenta, tanto anímicamente como físico, viendo, palpando, oliendo, gustando. Después nos interiorizamos y percibimos con intensidad aquello que ocurre debajo de nuestra piel: las tensiones musculares, los tics, sensaciones molestas, escozores, temblores, sudoración, y hasta la respiración. Poco a poco percibiremos que estamos ejerciendo demasiada presión al escribir o que nos apoyamos mal sobre la espalda, o que nuestro corazón se empeña en latir con demasiada intensidad.

Finalmente, llegamos a la parte más gratificante, a nuestra fantasía, construyendo el mundo a nuestro placer. Hay que imaginar, adivinar, pensar, planificar, anticiparse al futuro, etc. Siempre pensando de forma exclusiva en el mañana, en escribirlo, siendo esta la verdadera razón de la Gestalt, la irrealidad, la fantasía. Puesto que el mañana nunca llega, siempre es presente, todo está en nuestra imaginación, siendo lo más saludable de la condición humana.

La Gestalt implica un retorno a la percepción ingenua, a la experiencia inmediata, no viciada por el aprendizaje. Nos lleva a comprobar que normalmente no percibimos conjuntos de elementos, sino unidades de sentido estructuradas. Formas. Por eso el todo es más que la suma de sus partes. La conciencia abarca mucho más que el ámbito de la conducta.

Según Wolfgang Köhler, antiguo Presidente de la asociación Americana de Psicología y uno de los principales teóricos de la Psicología de Gestalt, la palabra *gestalt* se emplea en alemán con dos acepciones. Denota, a veces, la figura o la forma como una propiedad de las cosas. Otras, *"una entidad concreta individual y característica, existente como algo separado y que posee figura o forma como uno de sus atributos"*. Se aplica a características tales como la cuadratura o triangularidad de las figuras geométricas, o a la apariencia espacial distintiva de los objetos concretos, tales como mesas, sillas y árboles. Debemos remarcar que la aplicación del término no se limita, por supuesto, al campo visual, y ni siquiera al campo sensorial en su conjunto. Aprender, pensar, procurar, actuar, han sido tratados todos como *gestalten*.

Max Wertheimer

Este psicólogo de origen checo, nacido en 1880, es el fundador junto con Kurt Koffka y Wolfgang Köhler de la psicología Gestalt, un intento de examinar los fenómenos psicológicos como formas enteras estructuradas, en lugar de analizar sus componentes como unidades separadas en la práctica. Durante su juventud estudió violín, compuso música sinfónica y de cámara, pues estaba seguro que en la música estaría su futuro. Esta decisión cambió de rumbo cuando estudió psicología en la Friedrich-Wilhelm University de Berlín, bajo la tutela de Carl Stumpf, famoso por sus notables aportes a la psicología de la música. En 1904 desarrolló en la Universidad de Würzburg un detector de mentiras para el estudio objetivo de declaraciones, desplegando un método de asociación de palabras durante su disertación. Llevó a cabo investigaciones en varios laboratorios de Praga, Berlín y Viena, interesándose particularmente en la percepción de estructuras ambiguas y complejas. A partir de estas observaciones desarrolló un conjunto de ideas que conformaron la base de la psicología gestalt.

Wertheimer criticó el sistema educacional de la época, basado en la lógica tradicional y el asociacionismo, planteando que las tareas de resolución de problemas que implicaban reorganización y agrupamiento no eran estudiadas por la lógica, pero eran procesos esenciales del pensamiento humano. A esto se debe añadir el concepto de Praegnanz (precisión) que plantea que cuando las sensaciones se organizan para constituir formas, se sigue un principio de economía que persigue el menor gasto de energía del sistema cognitivo. Para Wertheimer la verdad estaba determinada por la estructura total de la experiencia más que por sensaciones o percepciones individuales, insistiendo en que "el todo es mayor que la suma de sus partes".

Respecto al fenómeno *fi*, relacionado con el movimiento aparente, es algo que tiene lugar cada vez que asistimos a una proyección cinematográfica, en donde una serie de fotografías aisladas estáticas adquieren movimiento para la vista si se las presenta de determinada manera. Utilizando a tal fin un taquistoscopio (proyector de alta velocidad), pudo probar que el fenómeno dependía de ciertos intervalos de tiempo críticos; y lo que es más importante, sostuvo que no podía explicarse a partir de los elementos sensoriales aislados ni de ninguna otra serie de elementos psicológicos. Se trataba de una experiencia irreductible, en la cual la *Gestalt* o configuración total precedía a las partes. Con esta argumentación se opuso abiertamente a la escuela del estructuralismo y a las enseñanzas de Wilhelm Wundt.

Su mayor logro fue, no obstante, cuando aún residía en Alemania, donde entabló amistad personal con Albert Einstein y con la colaboración de éste sometió a estudio sus procesos creadores desde el punto de vista de la psicología de la Gestalt. Pudo demostrar así que a menudo la inspiración le venía a Einstein bajo la forma de una grandiosa idea (en esencia, una Gestalt), y que sólo posteriormente derivaba de ella los pormenores (p. ej., una fórmula específica). Wertheimer incluyó su análisis de los procesos creativos de Einstein en su libro *Productive Thinking* (1959).

Aplicando sus ideas a la psicología de la educación, Wertheimer sostuvo que era preciso enseñar a los niños conceptos globales, que contribuyeran a su compresión general, antes que inculcarles los detalles; porque cuando los pormenores les son enseñados primero, a menudo los alumnos se confunden y no logran comprender el significado de lo que aprenden.

Empíricamente descubrió que, si dos líneas cercanas entre sí se exponen de forma instantánea y sucesiva a una velocidad determinada, el observador no verá dos líneas sino una sola que se desplaza de la primera a la segunda. Si se reduce el intervalo de presentación más allá de un umbral determinado, el observador verá dos líneas inmóviles. Pero si se aumenta mucho dicho intervalo, se verán separadas en el tiempo y el espacio. En este fenómeno se basaron los antiguos kinescopios y, actualmente, la proyección de películas. También son resultado de este principio los anuncios publicitarios y marquesinas de cines adornadas con bombillas que parecen desplazarse en torno, ya que el movimiento es una construcción perceptual a partir de imágenes sucesivas percibidas. Wertheimer denominó *gestalt* al factor unificante que combinaba elementos separados en un todo, provocando dicha "ilusión".

En posteriores estudios Wertheimer analizó detalladamente los *principios de organización*. Supongamos que vemos un conjunto de puntos. Estos se agrupan de algún modo: un triángulo, un círculo o una figura más compleja. Que sean percibidos de una u otra manera dependerá de la configuración en que aparezcan. Este fenómeno es totalmente a priori. Se adquiere durante el aprendizaje natural infantil y tiene fines adaptativos. El intento de analizar por separado los componentes sensoriales de una entidad percibida, siempre requiere un esfuerzo introspectivo. Incluso en un aprendizaje, el entrenamiento debe invertir el proceso inconsciente para lograr un proceso automático que organice.

Eric Bern

Hellinger conoció a Fanita English, una anterior psicoanalista tradicional, y a través de ella y con el trabajo de Eric Berne, se introdujo en el Análisis Transaccional. El doctor Eric Berne es el autor de *Los Juegos que la Gente Juega*, el famoso libro en el cual introduce Los Juegos y los Análisis Transaccionales al mundo entero. Según el Doctor Berne, los juegos son transacciones ritualísticas o una serie de actitudes entre individuos que pueden indicar sentimientos o emociones escondidas.

Nacido en Montreal en 1910, desde muy pequeño su padre le llevaba a ver enfermos en el hospital en el cual trabajaba como médico, en un intento de que comprendiera rápidamente el comportamiento humano cuando más desvalido se encuentra. Una vez concluidos sus estudios y después de dedicarse algunos años a pasar consulta psicológica, se separó de las normas hasta entonces admitidas, divulgando sus propias teorías sobre el estado del Ego que desembocó en el Análisis Transaccional y la Terapia de Grupo.

Jay Haley

Leer el artículo de Jay Haley acerca de "El triángulo perverso" le permitió a Hellinger descubrir la importancia de la jerarquía en las familias. Este psicólogo saltó a la fama por un artículo clásico titulado *"The Art of Being a Failure as a Therapist"* (El Arte de Fracasar como Terapeuta), aparecido por primera vez en el American Journal of Orthopsychiatry de julio de 1969.

Haley dijo que, *"Se ha puesto excesivo énfasis sobre cómo tener éxito como terapeuta, y demasiado poco sobre cómo fracasar"*. La práctica psiquiátrica actual demanda a los médicos, para tener éxito, la posesión de un repertorio de habilidades de liderazgo y gestión administrativa complementando a las terapéuticas.

El artículo de Haley surgió al observar que el 50-70% de los pacientes en lista de espera no sólo no deseaban ya tratamiento una vez que finalizaba el periodo de espera, sino que a menudo se habían recuperado de los problemas para los que habían solicitado originalmente tratamiento. Si no hacer nada producía índices de éxito del 50% o mejores, ¿cómo es posible fracasar como terapeuta? Como consecuencia de esta observación, Haley desarrolló irónicamente una lista de guías o pasos que pensaba podrían ayudar al terapeuta a fracasar de forma consistente si las utilizaba de forma regular y sistemática.

Aunque no de forma oficial, se reconoce que al menos el 50% de los problemas y cuestiones a las que se enfrenta un psicólogo cuando trata a un paciente se resolverán solas, o dejarán de ser un problema, si son ignoradas el tiempo suficiente. Para evitar esta situación y perder clientes, y dinero, Haley estableció unas normas que pueden ayudar al mal terapeuta a seguir siendo millonario:

Paso 1. Desechar el problema presente por intrascendente.
Hay que "insistir en que el problema que trae el paciente a la terapia no es importante". Sugiere "desecharlo como un mero síntoma y cambiar la conversación hacia cualquier otro tema". Esta maniobra permite al terapeuta evitar saber el verdadero motivo del sufrimiento del paciente, buscar razones ocultas, advirtiéndole de los peligros si abandona la terapia.

Paso 2. Rechazar tratar directamente el problema que se presenta.
Primero hay que decir al paciente que su problema tiene "raíces profundas". Es un afianzamiento del consejo anterior. Si se produce alguna resistencia, puede explicar al paciente que "si el problema que presenta se resolviera sin saber el origen, algo peor aparecería". Este mito incluso alentará a los pacientes a colaborar desarrollando un temor a mejorar y recuperarse rápidamente. Lo suyo –hay que insistir-requiere tiempo… y dinero.

Paso 3. Demonizar
Es importante buscar un culpable, un demonio, en cualquier parte, especialmente hacia alguien sobre el cual ya no se tiene control, como un antiguo cónyuge o un padre ya fallecido. De esta manera, la culpa, al ser dirigida siempre a otra parte, permite que el afectado pueda eludir la responsabilidad sobre el problema. Esta táctica alienta un sentimiento de impotencia e indefensión en los pacientes, pero el psicólogo queda absuelto si no es capaz de curarle.

Paso 4. Utilizar etiquetas que desafíen cualquier nueva conclusión.

Haley sugiere que poner rápidamente una etiqueta al paciente alivia mucho el diagnóstico certero, y evita que el terapeuta sea juzgado negativamente. Tardar en denominar el mal con un nombre científico provoca desconfianza. El paciente debe salir con un nombre con el cual mencionar su enfermedad casi desde los primeros momentos. Cuando el paciente es agresivo o posee parcelas de poder social, las etiquetas casi le alivian, pues al menos sabe cómo se llama su desazón o pesadumbre.

Paso 5. Poner énfasis sobre una solución única, sin importar lo heterogéneo que sea el problema.

Aquí puede aplicarse el aforismo de Abraham Maslow, "cuando la única herramienta que tienes es un martillo, todos los problemas comienzan a perecer clavos". Tal y como dice Haley, "los pacientes que no se comportan apropiadamente de acuerdo con el diagnóstico inicial, deben ser definidos como intratables y abandonados a su suerte". Siempre se puede decir aquello de "he hecho todo lo humanamente posible", lo que supone un eufemismo para reconocer la ineptitud.

Paso 6. Repetir el pasado.

Haley sugiere intentar solucionar los problemas de conducta del paciente de la misma infructuosa manera que ya hicieron otros y con el mismo entendimiento limitado que la familia del paciente y anteriores terapeutas han utilizado. Así se ahorran mucho trabajo.

Paso 7. Admitir el diagnóstico de otro terapeuta.

Si damos por válido el diagnóstico anterior, el fracaso será ya absoluto. Si el anterior terapeuta no logró curarle, posiblemente es porque realizó un diagnóstico erróneo. "Mi hijo padece esquizofrenia paranoide" -alerta el padre nada más entrar con su hijo-. En este momento, la etiqueta ya es bien visible en el rostro del paciente, y eso que fue puesta por otra persona, seguramente equivocada. "Veremos qué se puede hacer con esa esquizofrenia" –diremos con sobriedad-. Magnífica frase para no tener que empezar de cero.

Paso 8. Sólo funcionan los tratamientos a largo plazo.
Aunque nosotros lo juzguemos como fracaso, para muchos terapeutas es la mejor coartada para su ineptitud. ¿Para qué cambiar de médico si lo nuestro no tiene cura? Si insistimos en que la enfermedad es crónica conseguiremos dos cosas: una, tener un cliente fijo para toda la vida; dos, que nadie nos juzgue si no hay mejora.

Paso 9. Evitar la imaginación.
Hay que hablar mucho del mundo real en que vive el paciente, enfatizando la importancia de su infancia, las dinámicas internas y aplastando cualquier vida imaginaria. Es importante hablar mucho de las fantasías de la mente y llamarlas "ideas delirantes", advirtiéndole de que cualquier pensamiento imaginativo es "alejarle de la realidad". Así evitará que se imagine siendo curado por otro terapeuta más hábil. Ya sabe, la infancia es la única etapa válida en cualquier persona.

Paso 10. Guardarse de los pobres.
Haley aconseja, "Evite a los pobres, porque suelen insistir en resultados y no pueden ser distraídos por conversaciones intuitivas". A estas personas su prestigio social no les importa, solamente lo que ellos sienten, y así no es fácil curar. Por ello, su diploma de "licenciado en..." no le impresionará.

Haley termina sugiriendo colgar en la pared de cada terapeuta en formación un lema conocido como "Las Cinco ESES que Garantizan el Fracaso Terapéutico":

- Ser Pasivo
- Ser Inactivo
- Ser Sordo
- Ser Callado
- Ser Precavido

El lema es tan relevante para la gestión como para la terapia, y sigue siendo tan pertinente hoy en día como hace 30 años.

Frank Farrelly

Otra de las personas que influyó en Hellinger fue el psiquiatra Frank Farrelly, quien ha desarrollado toda una psicoterapia del humorismo, más bien extravagante, con propuestas curiosas como la necesidad de soltar dos carcajadas diarias antes de empezar a comer. Farrelly afirma que hay que aprender a reírse con todas las letras, y no solo con la "i", como los estreñidos mentales o con la "a", como los que no piensan demasiado. Carcajada a carcajada, ha ideado una peculiar gimnasia de la risa enseñando a sus pacientes a reír con todo el cuerpo. Indudablemente sus pacientes lo pasarán bien en sus consultas.

Farrelly ha ganado el reconocimiento internacional como terapeuta eficaz, a pesar de que sus métodos nunca han sido ortodoxos. Autor de varias publicaciones incluyendo *Terapia Provocativa* (con Jeff Brandsma), ha presentado numerosos talleres, seminarios, y sus demostraciones han sido vistas por profesionales de los Estados Unidos, de Europa y Australia. Su maestría en el trabajo con los enfermos seriamente alterados psicológicamente le ha convertido en un profesor especialmente interesante e importante.

La Terapia Provocativa fue desarrollada en un hospital, cuando Farrelly, descontento con su eficacia como terapeuta, comenzó a explorar nuevos procedimientos para promover cambios significativos en pacientes crónicos y recalcitrantes. Trabajó en este sentido durante 17 años, continuando desarrollando y refinando sus técnicas. Durante muchos años fue profesor en la Universidad de Wisconsin, miembro de la Academia de Trabajadores Sociales, y profesor auxiliar en el departamento de psiquiatría en la Universidad de medicina de Wisconsin.

Él, mucho más sencillo, ha definido su trabajo como una forma de aplicar el sentido del humor en los problemas mentales y de adaptación. Pero definir lo que es el sentido del humor no es tarea fácil, pues se trata de un concepto que designa una actitud humana, un determinado talante ante la realidad en que vivimos y, por tanto, no es un simple fenómeno, un hecho que podamos aislar, analizar y catalogar al lado de otros. Si se atiende a sus manifestaciones externas de modo exclusivo o principal, puede llegarse a desvirtuar su naturaleza, y no ser capaces de entender su profundo sentido: una persona con cosquillas fáciles no es, obviamente, una persona con sentido del humor, aunque éste se encuentre muy ligado a la risa y a la sonrisa; ni tampoco un espíritu burlón es fruto del sentido del humor, sino más bien su degradación o empobrecimiento. El sentido del humor se relaciona con rasgos tales como agudeza, finura, alegría, oportunidad, serenidad, ecuanimidad y muchos otros. Pero intentar su comprensión por medio de estos rasgos característicos puede ocultar su naturaleza en una maraña analítica de factores y sus relaciones.

Podríamos intentar resumirlo de este modo: la persona con sentido del humor intenta encontrar el lado positivo de las cosas y minimiza los defectos de las personas. Siempre hay algo positivo en la desgracia y por ello no es necesario profundizar en ella, ni recrearse contándola en busca de un poco de consuelo. La persona con sentido del humor no busca ayuda desesperada ante cualquier problema, no se pasa más tiempo llorando su desgracia que saliendo de ella, ni une sus lágrimas a la de la persona que ya está llorando.

Por el contrario, la burla y el sarcasmo persiguen resaltar lo malo, lo defectuoso. Un ejemplo está en las parodias o imitaciones personales: pueden hacerse con sentido burlesco, exagerando los defectos y complaciéndose en ellos; pero también pueden hacerse con sentido del humor, con dulzura, mostrando tanto los defectos como las buenas cualidades, enseñando el humor de la persona parodiada, es decir, dando ligereza a lo que resulta grave o solemne. La parodia hecha con sentido burlesco invita al menosprecio; en cambio, la parodia que proviene del sentido del humor propicia el cariño entrañable a la persona parodiada. Por eso, se considera propio del buen humorista quien dirige su sentido del humor hacia sí mismo en primer lugar.

Un poco de humor nos permite encontrar nuevas soluciones a los jeroglíficos de la vida cotidiana, nos enseña que las cosas siempre pueden ser de otra manera, nos ayuda a elegir. Por eso quizá merezca la pena incorporar a nuestro talante el sentido existencial de la travesura.

Martin Heidegger

Muy probablemente, su mejor compañero filosófico fue Martin Heidegger, nacido en 1889. Filósofo y teólogo por la Universidad de Friburgo de Brisgovia, la obra de Heidegger suele entenderse como separada en dos períodos distintos, por lo que es habitual hablar de dos etapas o momentos en su pensamiento:

• Momento en que se sirve de la analítica existencial como instrumento o introducción para una nueva metafísica.

• Un segundo periodo en el que, como el propio autor señala, concibe su pensamiento como el desarrollo de una "historia del ser", cuyo objetivo fundamental radica en la comprensión de los vínculos entre el desarrollo de la cuestión del ser en la filosofía y la historia de Occidente.

En consecuencia, en ambos períodos hay un mismo objetivo unificador: la elaboración de un nuevo concepto de "ser" ("Sein"). El primero viene marcado por su principal obra, *Ser y tiempo* (1927), en que hace un estudio de la existencia humana en donde confluyen tres tradiciones filosóficas:

Historicismo (Tendencia intelectual a reducir la realidad humana a su historicidad o condición histórica), Irracionalismo (Tendencia filosófica o artística divulgada por Kierkegaard que da preferencia a lo irracional sobre lo racional), y Fenomenología (Ciencia de los fenómenos físicos o psíquicos).

En la segunda etapa de su pensamiento, el filósofo estudia la historia de la metafísica como proceso de olvido del ser, desde Platón, y como caída inevitable en el nihilismo (doctrina que niega la existencia de una realidad sustancial correspondiente a las intuiciones sensibles).

De esta época son especialmente interesantes las obras en que revisa la Historia de la Filosofía, a través de las que irá aflorando una "nueva metafísica" que, en realidad, ya estaba en germen en *Ser y tiempo*, sólo que allí permaneció oculta entre los diversos y penetrantes análisis sobe el hombre entendido como Dasein –ser ahí-, que llevó a cabo.

Rupert Sheldrake

Rupert Sheldrake es uno de los biólogos más controvertidos de nuestra época. Sus teorías están revolucionando no sólo la rama científica de su campo sino que desbordan hacia otras disciplinas como la física y la psicología. Los científicos ortodoxos le acusan de introducir la filosofía en la ciencia.

En su libro "Una Nueva Ciencia de la Vida", Sheldrake toma posiciones en la corriente organicista u holística clásica, sustentada por nombres como Von Bertalanffy y su Teoría General de Sistemas o E.S. Russell, para cuestionar de forma tajante la visión que da por explicado cualquier comportamiento de los seres vivos mediante el estudio de sus partes constituyentes y posterior reducción de los mismos a leyes químicas y físicas. Sheldrake, en cambio, propone la idea de los campos morfogenéticos, los cuales ayudan a comprender cómo los organismos adoptan sus formas y comportamientos característicos.

"Morfo viene de la palabra griega morphe –explica-, que significa forma. Los campos morfogenéticos son campos de forma; campos, patrones o estructuras de orden. Estos campos organizan no sólo los campos de organismos vivos sino también de cristales y moléculas. Cada tipo de molécula, cada proteína por ejemplo, tiene su propio campo mórfico -un campo de hemoglobina, un campo de insulina, etc-. De igual manera cada tipo de cristal, cada tipo de organismo, cada tipo de instinto o patrón de comportamiento tiene su campo mórfico. Estos campos son los que ordenan la naturaleza. Hay muchos tipos de campos porque hay muchos tipos de cosas y patrones en la naturaleza..."

La gran contribución de Sheldrake ha consistido en reunir nociones vagas sobre los campos morfogenéticos (Weiss 1939) y formularlos en una teoría demostrable. Desde que escribió el libro en el que presenta la hipótesis de la Resonancia Mórfica, en 1981, se han llevado a cabo numerosos experimentos que, en principio, deberían demostrar la validez de esta hipótesis.
La propia teoría de Sheldrake es controvertida en biología, lo que no parece molestar a los autores de las Constelaciones Familiares, que la dan por sentada. En los textos es manejada, más que otra cosa, como un concepto sonoro que se deja caer según convenga, sin profundizar en su pertinencia ni justificar su aplicabilidad a contextos clínicos.

Con independencia de lo acertado de estas explicaciones, el problema principal radica simplemente en que no sabemos si hay o no algo que explicar. En este punto es absolutamente necesaria una comprobación empírica, objetiva y contrastada que demuestre, para empezar, si diferentes personas en los mismos puestos (o sea, representando a la misma persona) experimentan o no sensaciones parecidas.

No basta con la impresión del coordinador, sujeto igual que los participantes a la tranquilidad de una sesión clínica, y con el inconveniente de no poder repetir constelaciones.

Hasta entonces, lo más honesto será pensar que los clientes tienden a percibir y a atender a aquellas manifestaciones de los representantes que para ellos resultan significativas, además de que la propia información disponible *in situ* sobre el sistema familiar puede marcar tendencias en el sentir de quien está participando en el juego. De cualquier modo, tal planteamiento no resta fuerza o eficacia al procedimiento, aunque tal vez sí fascinación.

Otras personas que influyeron en Hellinger

El trabajo adicional en Terapia Familiar con Thea Schönfelder, seguido por el entrenamiento con Milton Erickson en Hipnoterapia y Programación Neurolingüística (NPL), fueron de gran influencia junto con Frank Farrelly y su Terapia Provocativa. También lo fue La Terapia de la Tendencia desarrollada por Irena Precop. El elemento más importante que tomó de la NPL fue el énfasis en trabajar con recursos en vez de con problemas. El uso de historias en sus terapias se debe a Milton Erickson y la primera historia que contó en una terapia fue *Las dos medidas de la Felicidad*.

Esas Terapias Familiares, junto con un alto nivel de psicoterapia, hacen que las contribuciones de Hellinger sean únicas en la integración de diversos elementos. Cuando le hablaban de su aportación incuestionable a la psicología, Hellinger nunca reconoció haber hecho nada nuevo, pero no hay duda que sí ha aportado una mejor manera de integrar a las personas en su ambiente. Con una capacidad natural para buscar situaciones totalmente nuevas, y de sumergirse en ellas, aprendió que cuando algo ya se tiene dominado, hay que buscar nuevos caminos. Dedicarse toda la vida a una misma profesión, sin explorar nuevas materias o situaciones, conduce a numerosas alteraciones del comportamiento.

Ciertamente sus primeras experiencias fueron decisivas para lo que posteriormente haría en la vida, lo mismo que su habilidad para escuchar los mensajes de su propia alma, aunque ello no le ha excluido de pasar malos momentos en la vida. Su insistencia en ver lo que realmente es, supone lo opuesto a aceptar ciegamente lo que se nos ha dicho, incluso cuando se trata del diagnóstico efectuado por un médico de prestigio. Esta reflexión, combinada con la constante lealtad y confianza en su propia alma, es el fundamento en el cual ha construido su trabajo. En conclusión, Hellinger es el último empirista.

La consolidación

Junto con su esposa Herta, Bert Hellinger integró lo que ya había aprendido de los grupos dinámicos y el psicoanálisis con la Terapia de Gestalt, Terapia Principal y Análisis Transaccional. Su trabajo con el análisis de scripts le guió para descubrir que algunos de los script que funcionan pasan de generación en generación y se manifiestan en sistemas de relación familiar. Las dinámicas de identificación también se hicieron más notables durante este periodo, describiendo las lealtades ocultas y su necesidad por mantener un balance adecuado.

Se especializó en Terapia Familiar con Ruth McClendon y Leslie Kadis, y ahí fue donde por primera vez encontró las constelaciones familiares. *"Yo estaba muy impresionado –* dijo- *por su trabajo, pero no podía entenderlo. Sin embargo, decidí que quería trabajar sistemáticamente. Después empecé a pensar en el trabajo que había estado haciendo y me dije que también era bueno. No voy a renunciar a eso antes de que realmente haya entendido la Terapia Sistemática Familiar. Así que seguí haciendo lo que había hecho. Un año después pensé de nuevo en eso, y me sorprendí al descubrir que estaba trabajando ya de una manera sistemática."*

CAPÍTULO 2

LAS BASES DE LA TERAPIA

Red Familiar

En el recorrido que hemos efectuado para saber qué personas han influido en la vida de Hellinger, no podemos olvidar a quien, muy probablemente, sería su única musa, su auténtica pasión: el amor por la música alemana, por la ópera, especialmente Wagner. A este compositor recurría cuando necesitaba entender el comportamiento humano, pues afirmaba que le dejaba la mente limpia de prejuicios.

Con el tiempo abandonó la costumbre imperante de tratar al paciente en solitario, buscando una terapia de grupo dentro del ambiente familiar, al que denominó acertadamente como Red Familiar. A esta red familiar pertenecen: los hijos y sus hermanos, los padres y sus hermanos, los abuelos de ambas partes, a veces, alguno de los bisabuelos, y todos aquellos que hicieron sitio para otros en el sistema, por ejemplo, un primer marido o una primera mujer.

En este trabajo terapéutico, los problemas cotidianos no tienen importancia. Muchos comportamientos actuales de una persona no son explicables desde su situación actual, sino que se remontan a distintos sucesos en su familia de origen, es decir a vivencias de sus padres o antepasados más lejanos. Hellinger ha descubierto en muchos años de trabajo terapéutico, las leyes según las cuales se desarrollan identificaciones e implicaciones trágicas entre los miembros de una familia, leyes que define como Órdenes del Amor y que explicaremos con detalle.

Las generaciones familiares

La idea de que los antepasados, su influencia, sus vivencias, son una parte importante en la vida de las personas, se encuentra extendida entre la mayoría de las culturas tradicionales del planeta, existiendo férreas tradiciones en América Latina, África, China y Japón, incluso entre las clases económicamente poderosas.

En la Europa antigua, el culto a los antepasados era también un elemento comúnmente aceptado, y por eso se erigían altares hogareños para tenerlos siempre presentes. La pervivencia de algunas fiestas paganas dentro del marco cristiano actual, como la celebración del Día de los Difuntos, nos recuerda que, aunque casi borrada de nuestra conciencia, el alma familiar sigue viva y presente. Sin embargo, debemos reconocer que en occidente en general, la figura de los difuntos familiares ya no tiene el peso de antaño, como tampoco la tienen los ancianos, ni siquiera para consultarles.

¿Cómo buscar causas de comportamiento en familiares desaparecidos, de los cuales apenas si guardamos unos someros recuerdos, mayormente por boca de nuestros padres? Aunque todos admitimos que los genes heredados nos forman nuestra identidad, resulta poco fiable describir el comportamiento de personas hace tiempo fallecidas. Al menos, nos faltará objetividad.

Cuando en el siglo XX irrumpieron el psicoanálisis y el conductismo (Doctrina psicológica basada en la observación del comportamiento objetivo de la persona que se estudia), la influencia del árbol genealógico se descuidó, centrando su atención en el núcleo familiar más inmediato, así como en el propio comportamiento del individuo. Desde ese momento, la figura de los padres alcanzó una importancia tal que solamente se hablaba de ella en las terapias psicológicas, habitualmente de forma peyorativa. Llegaron los traumas de la niñez.

Con la llegada de este nuevo siglo, nuestra sociedad está empezando a recuperar algo que durante milenios formó parte de su bagaje cultural y que sólo en tiempos recientes fue rechazado: el concepto global de familia, tanto presente como fallecida. Ahora también se reconoce la influencia de personas menos presentes en nuestras vidas, como los tíos, abuelos, primos, lo que indudablemente nos lleva a una suma de datos que nos pueden confundir.

Así, en este campo de investigación y de sanación, están surgiendo nuevas terapias, nuevos conceptos y nuevas propuestas, basadas todas en una idea fundamental: no podemos huir del sistema familiar, no podemos negarlo ni ignorarlo. De hecho, adondequiera que vayamos, llevaremos con nosotros toda nuestra historia y la historia de nuestros antepasados. Y ante la historia de la familia sólo tenemos una opción constructiva: conocerla, aceptarla, integrarla, y a partir de ahí, liberarnos y abrirnos a una nueva dimensión de la existencia. Claro que en demasiadas ocasiones se repite el mismo esquema: la familia es culpable y responsable de nuestros actos actuales; nosotros siempre somos las víctimas.

La forma más fácil y directa para conocer la historia familiar consiste en preguntar, en interesarse por ello. Las personas de mayor edad suelen guardar la memoria del clan y se convierten así en la mejor referencia directa. El estudio de los árboles genealógicos, de los archivos y las fotografías, representan también una ayuda fundamental.

Las nuevas terapias generacionales proporcionan también un marco adecuado para la comprensión y la sanación de las historias familiares no resueltas. Esta es la idea original de las Constelaciones Familiares, pues introducirse en esta terapia nos da la oportunidad de ver de un modo directo e inmediato cómo está el sistema familiar y cuáles son los nudos o las dificultades que se han generado en el clan y que tienen una repercusión directa en nuestra vida presente. Después, y para evitar ser unos simples observadores de nuestra historia familiar, tratando de cumplir la misión de estas terapias, hay que buscar la aceptación de lo que existe por medio de maniobras correctoras que permitan crear una nueva imagen familiar interior. La huida, el reproche o sentirse víctima, no son opciones.

La transmisión genealógica

Una de las principales aportaciones de este enfoque generacional consiste en la comprobación de que existe un inconsciente familiar, algo que viene a sumarse a la propia experiencia, tanto social como individual del ser humano. Este inconsciente familiar se nutre del entorno social, y con el tiempo penetra en la parte individual, incorporando inconscientemente los temas imperantes de esa cultura (la nuestra, a fin de cuentas), y al mismo tiempo filtrándolos de una manera que es particular a cada familia.

De este modo, y sin que podamos eludir la conciencia colectiva que todos poseemos, es decir, de las historias, mitos y arquetipos que son comunes a toda la humanidad, nos vemos influidos por el hecho de haber nacido en un país y en un tiempo determinado. Hágase esta pregunta: ¿Si hubiera estado en su mano, en qué país y época le hubiera gustado vivir? Curiosamente, casi nadie elige volver a nacer en el mismo lugar, familia o circunstancias históricas.

Al mismo tiempo, la familia actúa de filtro social, condicionándonos, pero no dirigiéndonos rotundamente. Por supuesto, haber nacido en el sur de Europa, con su arraigo hacia la doctrina cristiana, no es lo mismo que en otra laica y liberal. No obstante, como ya sabemos, la rebeldía habitual en los jóvenes les puede hacer rechazar, sin más razonamientos, lo que le ha sido inculcado, por razonables que sean esos principios.

La realidad es que el niño, desde que está desarrollándose en el vientre materno, empieza a percibir información y sensaciones de los miembros de su familia. Es la transmisión genética. Los abuelos, los padres, los tíos, incluso los hermanos mayores ya nacidos proyectan sobre él sus deseos, sus anhelos, las historias no resueltas. Es el ambiente, el clima y los sonidos, lo que le llega nítidamente a través de la barrera amniótica, condicionándole ya desde ese momento sin que pueda hacer nada por defenderse. La propia elección no le llegará hasta mucho después, cuando en la madurez se emancipe, pero de no hacerlo cuanto antes su propia existencia estará sumamente condicionada por la familia. De esa influencia dependerá que lo consideremos como una carga o un regalo que se le otorga desde su nacimiento.

Toda esta teoría trans-generacional se apoya en la idea de que existe una transmisión genética de la historia familiar que tiene un impacto decisivo sobre cada persona. Esa transmisión y sus consecuencias se pueden comprobar de un modo empírico, aunque su naturaleza sea hoy por hoy, un misterio y un desafío para todos nosotros.

Algunas teorías afirman que esta transmisión se incorpora al campo de la expresión de las historias familiares, tanto en el plano verbal como en el no-verbal. Así, serían tan elocuentes las historias que se cuentan como las que no se cuentan, e incluso los gestos o las expresiones corporales que se asocian al recuerdo o la evocación de unos u otros familiares.

Para otros investigadores, sin embargo, la transmisión se explica en el marco de la teoría de los campos morfogenéticos. Así, el individuo se forma en el seno de un sistema con unas energías y unas disposiciones particulares, que influyen de modo decisivo en su ser. No serían, por tanto, tan importantes las vivencias de estos familiares como los impulsos nerviosos que transmiten a los nuevos descendientes.

En resumen, sea cual sea la naturaleza real de esta transmisión genealógica, no cabe duda de su realidad y su importancia, hechos que se comprueban de forma cotidiana en los talleres y sesiones terapéuticas.

Finalmente, podemos afirmar que heredamos los conflictos familiares no resueltos. Desde la perspectiva Primal, estos conflictos tienen que ver, en esencia, con la ausencia de duelo, la falta de reconocimiento y los secretos de familia.

¿Qué subyace en el trabajo de las constelaciones?

Demuestra que los seres humanos estamos profundamente relacionados entre sí y todos podemos, en diversos grados, sentir los sentimientos del otro. En este trabajo nos encontramos con lo que la gente de todas las culturas ha sabido siempre: que podemos sentir los sentimientos de los demás, pero sólo a través de una apertura natural y agradable. El ser humano muestra empatía con los demás, al menos cuando se siente seguro. Algunos logran esto incluso en circunstancias muy difíciles.

La física cuántica nos dice que estamos conectados en una especie de campo de energía que nos guiará siempre que nos conectemos a ella. Bert lo llama el espíritu, y ambas demuestran que hay una conexión de amor entre las personas que antes no había sido tenida en cuenta, una benévola energía a nuestra disposición. Todo lo que necesitamos hacer es estar presentes, en calma, sin intenciones, planes, miedos, prejuicios, sólo estar presente y observar y sentir lo que está sucediendo.

Esta energía siempre nos guiará hacia la reconciliación, y esto significa que la totalidad de nuestras almas, se convertirán en un todo dentro de las familias. A menudo, se trata de convertirse en un solo grupo más numeroso, como en la reconciliación con personas de otra nación o fe.

Las Órdenes del Amor

El amor es para muchas personas un valor absoluto: lo consideran la fuerza que mueve el mundo; el amor todo lo puede; con el amor basta. Obviamente no es así, mucho menos ahora, época en la cual solamente damos amor a cambio de algo, quizá de más amor, pero de ninguna manera es un sentimiento altruista. Exigimos siempre lo mismo que damos, como un intercambio, un trueque, y cuando no somos correspondidos dejamos de amar, así de fácil. Quizá deberíamos entonces buscar otra palabra para definir este sentimiento tan pragmático, tan alejado del verdadero amor. ¿Cómo es posible dejar de amar bruscamente a alguien que un día nos hace daño, nos traiciona o, simplemente, no nos ama en la misma medida? "Ayer te quería, pero hoy ya no. Me has decepcionado". Qué frase más clarificadora sobre la supuesta solidez de nuestros sentimientos. La conclusión actual es que entre iguales el vínculo del amor supone un intercambio, un equilibrio entre lo que cada uno da al otro y cada uno toma del otro. Sin este intercambio equilibrado, el vínculo entre iguales no puede mantenerse. Al menos es lo que nos dicen. El trueque del que les hablaba antes.

Y ya que hablamos del amor, nada mejor que recordar que nacemos de unos padres y a ellos les debemos nuestra existencia. Queramos o no estaremos vinculados a ellos toda nuestra existencia, tal y como la naturaleza en su conjunto lo está a todos los seres vivos. Pero en el origen de la vida o de la existencia, el vínculo es de naturaleza desigual. Un río procede de una fuente, y no al contrario. No hay río que suministre agua a su propia fuente. También es verdad que el río puede, más adelante, suministrar su agua a otros ríos, los cuales se alimentarán de aquél. Parece una obviedad: el río fluye en una dirección, y no en la contraria.

Esto no significa que los hijos no amen a sus padres. Significa que, a diferencia del amor entre iguales, que consiste en el intercambio equilibrado del dar y el tomar a que hemos hecho referencia, el amor entre padres e hijos responde a otra dinámica: los padres dan, los hijos toman. Los padres son los grandes, los anteriores, la fuente: el flujo natural de su amor como padres es el de dar. Los hijos son los pequeños, los posteriores y, en consecuencia, toman.

Este equilibrio desigual se rompe cuando un hijo, por ejemplo, pretende ser más importante que sus padres. Bert

Hellinger llama a esto "arrogancia". El hijo dice a los padres: "soy mejor que vosotros, lo hago mejor que vosotros". Ciertamente el río puede llegar lejos, y sin duda los padres se alegrarán de ello. La fuente se siente satisfecha de lo lejos que puede llegar el río. Pero esto no hace al hijo más grande que sus padres: continuará siendo tributario de ellos, en el sentido de que jamás podrá devolverles lo recibido, como el río no puede alimentar a su fuente. El amor consiste, entonces, en respetar su grandeza, tomar lo que recibe y mostrar gratitud.

El equilibrio también se rompe, por tanto, cuando el hijo se niega a tomar. El hijo dice a sus padres: "no quiero lo que me dais" o "no lo quiero a ese precio". Sencillamente, esto no es posible. Tenemos aquí una especie de autosuficiencia, el río pretende que por él discurran otras aguas diferentes a las que recibe, como si pudiera decidir quién es a base de ignorar de dónde viene.

Estos órdenes del amor no son en absoluto preceptos morales. Son, sencillamente, condiciones básicas para que el amor fluya, para que el agua no se disperse o no se estanque. Quienes pretendan ignorar estas condiciones tendrán, con toda seguridad, importantes dificultades para experimentar el amor en su vida. Así de simple: nadie puede verdaderamente amar si primero no sabe recibir y agradecer.

Esto que decimos de padres e hijos tiene, como es natural, valor extensivo a las diferentes generaciones. En el seno de lo que Bert Hellinger llama "alma familiar", todos tienen un lugar de dignidad y de respeto. Y todos quiere decir, exactamente, "todos". Y significa algo muy preciso y de gran importancia en este ámbito de los órdenes del amor: el alma familiar no acepta exclusiones. Cuando alguien es excluido, el flujo del amor se resiente. Hay muchas formas de excluir: ignorar, olvidar o marginar, son algunas de ellas. Pero también se excluye a alguien juzgándolo y condenándolo, o descalificándolo de muchas maneras: "la abuela fue una puta"; "el abuelo fue un borracho"; "tu tío estaba loco y nos hizo sufrir mucho", "no me gusta tu marido". No se trata aquí de perdonar nada, sino de comprender que nada de lo que alguien haga le puede privar de su derecho a la pertenencia familiar. A veces la víctima se cree con el derecho a ser verdugo: esta actitud no sólo no arregla nada, sino que perturba aún más los órdenes del amor; alguien posterior asumirá un destino semejante al de la persona excluida. En este sentido, cualquier venganza, o arrogancia, o desorden, se convierte en una especie de boomerang. Alguien posterior sufrirá las consecuencias, y nadie encontrará explicación a su sufrimiento.

Estamos hablando de lo que Bert Hellinger llama "destino ciego" o "amor ciego". Amor ciego es el del hijo que, para compensar la marginación que sufrió alguien anterior, asume, sin saberlo, su mismo destino. Amor ciego es el del hijo que, viendo que sus padres han sido infelices, no se permite a sí mismo ser feliz, como si al serlo se convirtiese en una especie de traidor. En este caso, aunque aquí no se trate de una exclusión, el hijo no toma de sus padres o pretende, con su infelicidad, ser digno de ellos o compensarles de alguna forma. Trabajo inútil: la ceguera la produce, en este caso, la idea de que se puede compensar una desgracia con otra desgracia, convirtiendo así en estéril el sufrimiento de los padres. No hay mejor manera de "purgar" la infelicidad de los que nos precedieron que llevar una vida feliz y fecunda.

Las ideas principales de Bert Hellinger sobre las Órdenes del Amor, se hallan en la base de su práctica terapéutica. Estas ideas -es importante dejarlo claro- no constituyen en modo alguno algo parecido a un cuerpo dogmático ni tampoco un conjunto de afirmaciones metafísicas. Buena parte de ellas son comunes a otras escuelas de terapia sistémica, como la estructural (Salvador Minuchin) o la transgeneracional (Ivan Boszormenyi-Nagy). Otras son aportaciones originales de Bert Hellinger. En cualquier caso todas ellas se basan en la práctica clínica, a modo de hipótesis que se confirman una y otra vez.

Podríamos ilustrar las mismas ideas sobre las Órdenes del Amor describiendo la actitud de alguien (a quien vamos a llamar "N.N.") ante diversas figuras y acontecimientos de su sistema familiar.

Veamos algunas precisiones importantes:

1.   No se trata de una comunicación verbal que N.N. diga o tenga que decir "en vivo" a sus padres. Se trata, simplemente, de una expresión que define una actitud interior. Son palabras que, en este caso, sirven sólo para exteriorizar de forma consciente una toma de posición "ordenada" ante los padres.

2.   Tampoco se trata de una expresión literal. Cabe, en su lugar, cualquier otro tipo de palabras o frases que mantengan el mismo significado o definan la misma actitud.

3.   Por último, tampoco se trata de "afirmaciones positivas" en el sentido usual de "pensamientos positivos". En otras palabras: si la actitud que así se expresa resulta forzada, no se recomienda la técnica de repetir o machacar hasta que "suene" natural. Más bien cabría sospechar algún tipo de dificultad que podría requerir tratamiento terapéutico, de modo idóneo a través del método de Constelaciones Familiares.

4.   Acto seguido N.N. mira la imagen de sus padres o de su representación. Poco a poco se da la vuelta hasta quedar de espaldas a ellos, pero apoyándose en ellos. Con este cambio de configuración se puede representar el agua fluyendo de su fuente. A partir de aquí N.N. está en disposición de encarar la vida o cualquier realidad concreta de la vida (personas, acontecimientos) que N.N. necesite encarar.

Incluir expresamente a otros antepasados produce, normalmente, una experiencia de mayor fuerza para encarar la vida. Utilizando la misma imagen anterior, cuando N.N. se da la vuelta y se apoya en sus padres se encuentra, tras ellos, toda la hilera de antepasados, tan larga como pueda imaginar o confeccionar. Todo un caudal de vida anterior tiene su continuidad hasta N.N. y, a través de él, hacia generaciones nuevas.

En el pasado han podido suceder acontecimientos trágicos. Uno de los padres, o cualquier otro antecesor, ha podido tener un destino difícil: pudo, a su vez, haber perdido temprano a uno de sus padres, haber perdido un hijo también a edad temprana, haber tenido una enfermedad dolorosa, una muerte trágica o violenta, haber sido encarcelado, haber sido objeto de abusos, etc. O lo contrario: puede haber sido perpetrador de desgracias ajenas.

Un aspecto importante en el enfoque de Bert Hellinger es que los vínculos de sangre que conforman el alma familiar no son sólo los de vida, sino también los de muerte. Dicho de otra forma: entre perpetradores y víctimas (asesinatos, violaciones, hechos de guerra, etc.) se crea un vínculo tan fuerte que los incluye igualmente en el alma familiar (de unos y otros, en este caso). Y el alma no tolera exclusiones. Por ello, en los hechos trágicos que N.N. mire en relación con sus antepasados, es necesario incluir a las otras personas afectadas, sean víctimas o perpetradores.

Sólo es posible lograr la paz cuando, más allá del cualquier esquema de buenos y malos o de culpables e inocentes, N.N. o cualquiera de nosotros podemos confiarnos a la vida y a sus, a veces, inexplicables laberintos.

Un amor interrumpido o un movimiento frustrado hacia uno de los padres puede desequilibrar a todo un sistema familiar; también cuando hubo un miembro de la familia que murió tempranamente, o cuando alguien fue excluido de la familia o se le negó la pertenencia a la misma. En ocasiones, cuando una persona se incorpora a una familia al casarse con uno de sus miembros, puede ser excluido incluso desde sus comienzos, por no ser del agrado de uno o varios de ellos.

Esta exclusión se puede agudizar con el paso del tiempo, pues sus hechos serán juzgados minuciosamente, encontrando siempre motivos para justificar esa exclusión. Frecuentemente las consecuencias de estos sucesos aparecen en generaciones posteriores causando trastornos e incluso enfermedades en una persona.

Las constelaciones familiares revelan los enredos familiares inconscientes a los que una persona que consulta se halla sujeta. Esto permite, restableciendo las Órdenes del Amor, encontrar caminos para liberarse de los enredos y configurar una imagen de solución, que libera fuerzas curativas que raras veces se experimentan en psicoterapia con semejante intensidad.

Se eliminan así los desórdenes e implicaciones sistémicas. La necesidad de vinculación y pertenencia, el equilibrio entre dar y tomar y el orden dentro del sistema son los factores claves. A veces la persona interesada se integra en el proceso de solución, a veces sólo se queda observando. Este trabajo alcanza las profundidades del alma y requiere la cooperación atenta de todo el grupo. Este nuevo ordenamiento permite que vuelva a fluir el amor en el sistema familiar, poniendo en evidencia así el poder del amor y las fuerzas que gobiernan los vínculos en la familia.

Estos talleres están dirigidos a aquellas personas interesadas en trabajar con asuntos problemáticos de su vida, de su familia o pareja. También a quienes padezcan enfermedades graves, que hayan sufrido repetidas experiencias de infortunio o deseen enfrentar los hechos irremediables de su historia familiar.

A pesar de que vivimos en tiempos de fuerte desarrollo de la individualidad, el alma todavía hace honor a la realidad de la tribu. Nos gusta creer que nosotros, o la familia, puede elegir a quién y quién incluir y a quién no. Y es posible, pero el precio que tendrá que ser pagado, en general, será asumido por las generaciones posteriores. El alma de la familia no descansará hasta que cada miembro esté totalmente incluido de nuevo. En busca de un profundo respeto mutuo, las personas deben abrir una conexión compartida y compasiva con los miembros de sus respectivas familias. Todos deben ser honrados como son, sin pretender cambiarles. Lo que se hace en un grupo así, poco a poco se filtra en nuestra vida diaria, se convierte en un camino de entendimiento, comprensión y amor. Nuestro sentido de la familia se expande de una manera muy real. La gente suele decir: "Ahora siento que es real: Ya pertenezco a la familia humana."

Después de varios miles de sesiones, Bert Hellinger ha descubierto lo que él describe como las Antiguas Órdenes de Amor, profundamente arraigadas en el inconsciente de los grupos familiares. Este conocimiento olvidado, cuando es redescubierto y renovado, es tan poderoso que puede cambiar la vida de las personas. Lo que parece seguro es que estas alteraciones desencadenadas en las generaciones anteriores, inevitablemente, afectan la vida de las generaciones futuras y actuales, pero cuando se admite esta influencia profunda en el sufrimiento individual, se revela como una luz completamente nueva que promueve la curación. El amor, incluso cuando está dañado y mal dirigido, puede transformarse en una fuerza para la curación, y todo esto es una sola aplicación o sesión familiar. Los participantes del taller, además, pueden tener la oportunidad de experimentar su propia constelación familiar y sirven como representantes de los miembros de la familia en las constelaciones de los demás participantes, una experiencia que es en sí misma de gran alcance.

A diferencia de las formas tradicionales de esta terapia familiar, este enfoque contempla los hechos de la vida y la muerte de forma simple, evitando cualquier prejuicio, distorsión o negación. Se facilita de una manera amable, honesta y firme basada en la compasión, abordar los problemas más difíciles a los cuales los individuos y sus parejas deben hacer frente. Quienes lo han practicado dicen que está más allá de la terapia, que contiene una presencia colectiva que no hemos conocido antes de forma consciente. La idea de una consciencia universal hace su aparición y nos lleva a caminos poco recorridos hasta entonces. Los terapeutas experimentados están asombrados por la eficacia del método y los participantes abandonan a menudo una vida que alteraba la comprensión de sí mismos, alcanzando el poder del amor, y las fuerzas que gobiernan las relaciones humanas.

Y ya que hablamos del amor, nada mejor que recordar que nacemos de unos padres y a ellos les debemos nuestra existencia. Queramos o no estaremos vinculados a ellos toda nuestra existencia, tal y como la naturaleza en su conjunto lo está a todos los seres vivos. Pero en el origen de la vida o de la existencia, el vínculo es de naturaleza desigual. Un río procede de una fuente, y no al contrario. No hay río que suministre agua a su propia fuente. También es verdad que el río puede, más adelante, suministrar su agua a otros ríos, los cuales se alimentarán de aquél. Parece una obviedad: el río fluye en una dirección, y no en la contraria.

Esto no significa que los hijos no amen a sus padres. Significa que, a diferencia del amor entre iguales, que consiste en el intercambio equilibrado del dar y el tomar a que hemos hecho referencia, el amor entre padres e hijos responde a otra dinámica: los padres dan, los hijos toman. Los padres son los grandes, los anteriores, la fuente. Por eso el flujo natural de su amor como padres es el de dar. Los hijos son los pequeños, los posteriores y, en consecuencia, toman. Este equilibrio desigual se rompe cuando un hijo, por ejemplo, pretende ser más importante que sus padres. Bert Hellinger llama a esto "arrogancia". El hijo dice a los padres:

"soy mejor que vosotros, lo hago mejor que vosotros".
Ciertamente el río puede llegar lejos, y sin duda los padres se
alegrarán de ello. La fuente se siente satisfecha de lo lejos
que puede llegar el río. Pero esto no hace al hijo más grande
que sus padres: continuará siendo tributario de ellos, en el
sentido de que jamás podrá devolverles lo recibido, como el
río no puede alimentar a su fuente. El amor consiste,
entonces, en respetar su grandeza, tomar lo que recibe y
mostrar gratitud.
El equilibrio también se rompe, por tanto, cuando el hijo se
niega a tomar. El hijo dice a sus padres: "no quiero lo que me
dais" o "no lo quiero a ese precio". Sencillamente, esto no es
posible. Tenemos aquí una especie de autosuficiencia, con el
río pretendiendo que por él discurran otras aguas diferentes a
las que recibe, como si pudiera decidir quién es a base de
ignorar de dónde viene.

Estas Órdenes del Amor no son en absoluto preceptos
morales. Son, sencillamente, condiciones básicas para que el
amor fluya, para que el agua no se disperse o no se estanque.
Quienes pretendan ignorar estas condiciones tendrán, con
toda seguridad, importantes dificultades para experimentar el
amor en su vida. Así de simple: nadie puede verdaderamente
amar si primero no sabe recibir y agradecer.
Esto que decimos de padres e hijos tiene, como es natural,
valor extensivo a las diferentes generaciones. En el seno de lo
que Bert Hellinger llama "alma familiar", todos tienen un
lugar de dignidad y de respeto. Y "todos" quiere decir,
exactamente, "todos". Y significa algo muy preciso y de gran
importancia en este ámbito de los órdenes del amor: el alma
familiar no acepta exclusiones. Cuando alguien es excluido,
el flujo del amor se resiente. Hay muchas formas de excluir:
ignorar, olvidar o marginar, son algunas de ellas. Pero
también se excluye a alguien juzgándolo y condenándolo, o
descalificándolo de muchas maneras: "la abuela fue una
puta"; "el abuelo fue un borracho"; "tu tío estaba loco y nos

hizo sufrir mucho", "no me gusta tu marido". No se trata aquí de perdonar nada, sino de comprender que nada de lo que alguien haga le puede privar de su derecho a la pertenencia familiar. A veces la víctima se cree con el derecho a ser verdugo: esta actitud no sólo no arregla nada, sino que perturba aún más los órdenes del amor; alguien posterior asumirá un destino semejante al de la persona excluida. En este sentido, cualquier venganza, o arrogancia, o desorden, se convierte en una especie de boomerang. Alguien posterior sufrirá las consecuencias, y nadie encontrará explicación a su sufrimiento.

Estamos hablando de lo que Bert Hellinger llama "destino ciego" o "amor ciego". Amor ciego es el del hijo que, para compensar la marginación que sufrió alguien anterior, asume, sin saberlo, su mismo destino. Amor ciego es el del hijo que, viendo que sus padres han sido infelices, no se permite a sí mismo ser feliz, como si al serlo se convirtiese en una especie de traidor. En este caso, aunque aquí no se trate de una exclusión, el hijo no toma de sus padres o pretende, con su infelicidad, ser digno de ellos o compensarles de alguna forma. Trabajo inútil: la ceguera la produce, en este caso, la idea de que se puede compensar una desgracia con otra desgracia, convirtiendo así en estéril el sufrimiento de los padres. No hay mejor manera de "purgar" la infelicidad de los que nos precedieron que llevar una vida feliz y fecunda.

Las ideas principales de Bert Hellinger sobre las Órdenes del Amor, se hallan en la base de su práctica terapéutica. Estas ideas -es importante dejarlo claro- no constituyen en modo alguno algo parecido a un cuerpo dogmático ni tampoco un conjunto de afirmaciones metafísicas. Buena parte de ellas son comunes a otras escuelas de terapia sistémica, como la estructural (Salvador Minuchin) o la transgeneracional (Ivan Boszormenyi-Nagy). Otras son aportaciones originales de Bert Hellinger. En cualquier caso todas ellas se basan en la práctica clínica, a modo de hipótesis que se confirman una y otra vez.

Podríamos ilustrar las mismas ideas sobre las Órdenes del Amor describiendo la actitud de alguien (a quien vamos a llamar "Juan") ante diversas figuras y acontecimientos de su sistema familiar.

Veamos algunas precisiones importantes:

1.   No se trata de una comunicación verbal que Juan diga o tenga que decir "en vivo" a sus padres. Se trata, simplemente, de una expresión que define una actitud interior. Son palabras que, en este caso, sirven sólo para exteriorizar de forma consciente una toma de posición "ordenada" ante los padres.

2.   Tampoco se trata de una expresión literal. Cabe, en su lugar, cualquier otro tipo de palabras o frases que mantengan el mismo significado o definan la misma actitud.

3.   Por último, tampoco se trata de "afirmaciones positivas" en el sentido usual de "pensamientos positivos". En otras palabras: si la actitud que así se expresa resulta forzada, no se recomienda la técnica de repetir o machacar hasta que "suene" natural. Más bien cabría sospechar algún tipo de dificultad que podría requerir tratamiento terapéutico, de modo idóneo a través del método de Constelaciones Familiares.

4.   Acto seguido Juan mira la imagen de sus padres o de su representación. Poco a poco se da la vuelta hasta quedar de espaldas a ellos, pero apoyándose en ellos. Con este cambio de configuración se puede representar el agua fluyendo de su fuente. A partir de aquí Juan está en disposición de encarar la vida o cualquier realidad concreta de la vida (personas, acontecimientos) que necesite.

Incluir expresamente a otros antepasados produce, normalmente, una experiencia de mayor fuerza para encarar la vida. Utilizando la misma imagen anterior, cuando Juan se da la vuelta y se apoya en sus padres se encuentra, tras ellos, toda la hilera de antepasados, tan larga como pueda imaginar o confeccionar. Todo un caudal de vida anterior tiene su continuidad hasta Juan y, a través de él, hacia generaciones nuevas.

En el pasado han podido suceder acontecimientos trágicos. Uno de los padres, o cualquier otro antecesor, ha podido tener un destino difícil: pudo, a su vez, haber perdido temprano a uno de sus padres, haber perdido un hijo también a edad temprana, haber tenido una enfermedad dolorosa, una muerte trágica o violenta, haber sido encarcelado, haber sido objeto de abusos, etc. O lo contrario: puede haber sido perpetrador de desgracias ajenas.

Un aspecto importante en el enfoque de Bert Hellinger es que los vínculos de sangre que conforman el alma familiar no son sólo los de vida, sino también los de muerte. Dicho de otra forma: entre perpetradores y víctimas (asesinatos, violaciones, hechos de guerra, etc.) se crea un vínculo tan fuerte que los incluye igualmente en el alma familiar (de unos y otros, en este caso). Y el alma no tolera exclusiones. Por ello, en los hechos trágicos que Juan mire en relación con sus antepasados, es necesario incluir a las otras personas afectadas, sean víctimas o perpetradores.

Sólo es posible lograr la paz cuando, más allá del cualquier esquema de buenos y malos o de culpables e inocentes, Juan o cualquiera de nosotros podemos confiarnos a la vida y a sus, a veces, inexplicables laberintos.

Un amor interrumpido o un movimiento frustrado hacia uno de los padres puede desequilibrar a todo un sistema familiar; también cuando hubo un miembro de la familia que murió tempranamente, o cuando alguien fue excluido de la familia o se le negó la pertenencia a la misma. En ocasiones, cuando una persona se incorpora a una familia al casarse con uno de sus miembros, puede ser excluido incluso desde sus comienzos, por no ser del agrado de uno o varios de ellos.

Esta exclusión se puede agudizar con el paso del tiempo, pues sus hechos serán juzgados minuciosamente, encontrando siempre motivos para justificar esa exclusión. Frecuentemente las consecuencias de estos sucesos aparecen en generaciones posteriores causando trastornos e incluso enfermedades en una persona. Estas exclusiones hacia miembros recién incorporados a la familia son muy frecuentes y perduran en el tiempo, afianzando los desacuerdos y desavenencias en lugar de buscar el acercamiento.

Las constelaciones familiares revelan los enredos familiares inconscientes a los que una persona que consulta se halla sujeta. Esto permite, restableciendo las Órdenes del Amor, encontrar caminos para liberarse de los enredos y configurar una imagen de solución, que libera fuerzas curativas que raras veces se experimentan en psicoterapia con semejante intensidad.

Se eliminan así los desórdenes e implicaciones sistémicas. La necesidad de vinculación y pertenencia, el equilibrio entre dar y tomar, y el orden dentro del sistema son los factores claves. A veces la persona interesada se integra en el proceso de solución, a veces sólo se queda observando. Este trabajo alcanza las profundidades del alma y requiere la cooperación atenta de todo el grupo. Este nuevo ordenamiento permite que vuelva a fluir el amor en el sistema familiar, poniendo en evidencia así el poder del amor y las fuerzas que gobiernan los vínculos en la familia.

Estos talleres están dirigidos a aquellas personas interesadas en trabajar con asuntos problemáticos de su vida, de su familia o pareja. También a quienes padezcan enfermedades graves, que hayan sufrido repetidas experiencias de infortunio o deseen enfrentar los hechos irremediables de su historia familiar.

"Las órdenes del amor" aplicado a la familia, explican el orden natural del amor en la familia y también en otros importantes sistemas de las relaciones humanas, así como a las funciones de los distintos miembros de la familia. Los sucesos traumáticos desencadenan una alteración de este orden natural, y si el trauma es demasiado grande la familia a menudo no puede recuperarse con sus propios recursos al no poder restaurar el orden al que todos los miembros pertenecen y en su lugar correcto.

Cuando las órdenes del amor se han restaurado en la familia, los individuos se sienten seguros, y por lo tanto felices. Al haber encontrado el lugar adecuado dentro de la familia, los miembros también saben cuáles son sus funciones y cuáles no. Conectados con todos los que pertenecían a ese grupo, los miembros se sienten seguros y sienten la fuerza de la familia apoyándolos desde atrás. Cuando se reconoce la conexión en la familia, las responsabilidades son compartidas claramente, y los individuos se sienten aliviados. Ahora se puede tratar individualmente a cada uno de ellos sin tener que responsabilizarse y atrapados por lo que pasó anteriormente.

CAPÍTULO 3

CÓMO SE FORMA UN TALLER DE
CONSTELACIONES FAMILIARES

"La idea de que el amor puede superar todo -dice- lo contradice la experiencia. Muchos padres ven cómo sus hijos caen en la enfermedad o en la adicción, o que se suicidan a pesar de haberles dado todo su amor. Por tanto, es obvio que se necesita algo más para que ese amor se logre: el conocimiento y reconocimiento de una 'orden del amor' que actúa en las profundidades del alma. Mucho de esa 'orden' es secreto, obra en lo hondo del alma y lo tapamos frecuentemente con nuestras ideas, objeciones, deseos o miedos. Hay que tocar las profundidades del alma, pues, para experimentar las Órdenes del Amor. "

Y añade: "Para un hijo, una de las 'órdenes del amor' es que tome la vida tal como los padres se la dan. Ese tomar es una realización muy profunda que engloba el asentimiento a la vida y al destino con los límites y las posibilidades dados por los padres. Es un desprendimiento, una renuncia a exigencias que sobrepasan aquello que le llegó a través de los padres y que va mucho más allá de ellos, inclinándose ante el misterio del origen de la vida y abandonándose en él.

Cuando eso se logra el corazón se abre de par en par y la paz y la completitud se alcanzan. Tomando a los padres tal como son se toma a la plenitud de la vida tal como es. Claro que cada uno experimenta también que tiene algo único, personal e irrepetible que no podemos juzgar. Todo forma parte de un destino e, independientemente de lo que uno haga o deje de hacer, de las ideas que defienda o rechace, lo hace cumpliendo un servicio que no comprende."

Estos son algunas de las "órdenes del amor" entre padres e hijos pero existen otras en las familias. Hellinger explica también que existe un sistema familiar con una conciencia común que en su mayor parte es inconsciente. Y esa conciencia lleva a que se respeten ciertas leyes implícitas u órdenes del amor o a que, en caso contrario, existan compensaciones que pueden afectar a las siguientes generaciones. Por eso Hellinger, en las "constelaciones" que hace en sus cursos, da prioridad a las familias que tienen hijos.

Algunas de las preguntas que se pueden hacer para motivar una constelación son:

¿Siente la necesidad de aclarar algo acerca de una relación importante en su vida?

¿Está en un punto en su vida donde es necesario tomar una decisión importante, y de alguna manera, no sabe qué hacer?

¿Tiene un hijo que le preocupa mucho?

¿Se ha preguntado por qué tiene los mismos problemas en sus relaciones?

¿Guarda sentimientos de culpa, o fracaso, o de profundo dolor, y no sabe de dónde proceden? Quizá la causa está en nuestra madre, y parece estar atascado en una desafortunada manera de relacionarnos.

¿Tiene problemas que le impiden ser feliz y quiere calibrarlos?

¿Se pregunta frecuentemente acerca de su relación con su pareja o sus hijos? Puede ser que todavía sienta resentimiento hacia su padre.

¿Tiene dificultad para saber dónde está su lugar en la vida?

¿Está usted o alguien de su familia gravemente enfermo?

¿Existe algún enfermo mental en su familia?

¿Hay algún miembro de su familia desaparecido?

¿Echa de menos a alguien?

¿Se pregunta por qué hay algunos miembros familiares a los que nunca se mencionan? Podría ser un niño abortado o alguien que murió trágicamente, o desapareció en la guerra.

¿Es usted consciente de que hay acontecimientos muy dolorosos en su familia, y que de alguna manera siente que le afectan?

¿A veces siente que la vida es demasiado difícil?

Se lleva a cabo en grupo y generalmente en una sola sesión, y consiste básicamente en una reestructuración del esquema de la familia de origen del cliente, el cual ha colocado en el centro de la estancia a algunos de los participantes en la sesión, que actúan como representantes de los miembros de su familia, de forma que configuran un árbol genealógico viviente.

Normalmente las sesiones tienen el formato de seminarios de dos o tres días que permiten tratar grupos familiares distintos. Los participantes acuden movidos por el deseo de superar algún problema concreto, que puede variar por todo el espectro del malestar psicológico.

Los grupos de terapia son de entre 15 a más de 50 personas, existiendo diversas clases de asistentes a una reunión o seminario: los participantes o buscadores (clientes), los representantes, los simplemente espectadores y el terapeuta o coordinador. Los primeros, de a uno, irán exponiéndole al terapeuta el tema a "representar": problemas económicos, dificultades en su pareja o en su familia, y problemas de salud tanto física como mental.

Cada participante intentará tener presente su árbol genealógico, porque el terapeuta comenzará a preguntarle sobre sucesos trágicos o conflictivos en su familia de origen. A lo largo de la jornada de trabajo, cada persona sale a exponer su caso y el terapeuta escucha a la persona y le hace las preguntas necesarias para aclarar la cuestión, incidiendo en aquellos temas que estén relacionados con la historia familiar (parientes excluidos, muertes prematuras, víctimas de conflictos, emigrados). En algunos casos, se elabora un genograma (gráfico que muestra los miembros que conforman la familia) para clarificar el esquema genealógico. A continuación, el cliente elige de forma intuitiva entre el resto de los asistentes a los que representarán a los miembros de su familia, incluido él mismo, pues durante la configuración el interesado adopta un papel pasivo como observador externo de la escena.

Dispuestos en círculo y por turnos, cada participante expresa de viva voz y de forma muy breve en qué consiste tal demanda, para pasar inmediatamente a *configurar* a su familia (a *colocarla*, según la denominación original). Como hemos dicho, antes de empezar el coordinador o terapeuta del grupo se informa también sucintamente sobre la estructura de la familia, y de forma especial sobre eventos pasados relevantes que el cliente pueda recordar: fallecimientos prematuros, enfermedad mental, pérdidas importantes.

El terapeuta elegirá qué miembros de la familia serán representados primero y el participante elegirá entre el público a personas que representen a su familia e incluso a él mismo. El participante colocará a estas personas en el lugar y en la dirección que intuitivamente sienta. También se pueden elegir miembros o representantes que tengan que ver con el tema de la Constelación. Una vez colocados los representantes, se sienta y observa.

En la representación toman parte sin excepción los padres y hermanos, con frecuencia también abuelos, tíos u otros miembros cuya participación el coordinador juzga conveniente, y con independencia de si están o no con vida. Si es preciso, el proceso se remonta a cuantas generaciones el cliente pueda recordar. En ocasiones intervienen también personas no emparentadas o incluso circunstancias: puede elegirse un representante para una enfermedad o para la ocupación laboral de algún miembro, para un accidente acaecido, etcétera, siempre que el coordinador lo considere determinante para la comprensión de una constelación familiar concreta. Muy chocante resulta para el profano que todos los familiares fallecidos prematuramente, los bebés nacidos muertos, e incluso en ocasiones los abortos, deben estar representados en la constelación (en otro apartado se verá la razón de este proceder.) Una función especialmente importante la desempeñan también todos aquellos parientes que por algún motivo especial (alcoholismo, homosexualidad, crimen, enfermedad) fueron en su momento excluidos de la familia. También las parejas anteriores de padres y abuelos pueden ser representados, sobre todo si desaparecieron del panorama familiar por fallecimiento o por cualquier otra circunstancia forzosa o no deseada.

Una vez elegidos los participantes que actuarán en la configuración, y puestos éstos en pie, esperan a ser "colocados" por el interesado. Para ello, éste los empuja suavemente por la espalda hasta lograr para cada uno de ellos una determinada posición y orientación en la estancia. Cuando todos los representantes han sido colocados se observa una primera configuración de la familia, caracterizada por las posiciones relativas de unos miembros respecto de otros, y que se supone son la proyección de la imagen que el cliente tiene de ella. Tras dejarle actuar unos segundos sobre los representantes, el coordinador pregunta a cada uno de ellos cómo se encuentra en esa ubicación y orientación concreta, lo que incluye emociones, sensaciones corporales y especialmente posibles tensiones percibidas. Esta pregunta está formulada en un sentido psíquico, puesto que los representantes deben expresar el puro sentir aquí y ahora, sin aderezarlo ni contaminarlo con explicaciones, razonamientos o justificaciones de ningún tipo.

Luego el coordinador explica los esquemas de funcionamiento del sistema que se está trabajando, pidiéndoles que actúen correctamente. Este es un proceso clarificador, en el que el cliente puede reconocer la realidad del sistema.

Allí se desencadena lo que Bert Hellinger denomina un proceso fenomenológico: los "sustitutos" (representantes) comienzan a actuar como las verdaderas personas, e irán diciendo lo que perciben y sienten, y guiados por el coordinador se moverán hacia posiciones más cómodas, e incluso el terapeuta podrá elegir nuevos representantes para distintos miembros de familias, vivos o fallecidos, o para sensaciones abstractas como una enfermedad, la muerte, el dinero o el amor, que vayan surgiendo en el acontecer de las representaciones familiares.

Como respuesta a este sentir, y siempre bajo la dirección del coordinador, la configuración inicial va cambiando poco a poco a través de reposicionamientos, hasta que se logra un grado de bienestar aceptado por todos. El proceso puede revelar que algún personaje importante fue omitido al inicio; en ese caso otros participantes son invitados a sumarse a la escena. Cuando se llega a la configuración final (lo que se llama la *solución*), el interesado (cliente) se incorpora tomando el lugar de su representante.

Los cambios que han sucedido y la imagen final de la familia suelen resultar altamente significativos para el cliente, que por lo general manifiesta sentirse finalmente aliviado y haber conseguido un importante grado de comprensión y de implicación con sus circunstancias familiares. Es frecuente que se sienta emocionalmente muy conmovido, pero no sólo él o ella. Sorprende la facilidad con la que intensas emociones e incluso lágrimas fluyen entre los propios representantes.

La configuración de una familia se remata con la pronunciación de algunas frases sencillas, que poseen un cierto carácter ritual y que están encaminadas a clarificar relaciones. Se puede sugerir, por ejemplo, que una hija le diga a su madre (recordemos que estamos hablando de representantes y no de madres e hijas reales): "Yo sólo soy la hija, los problemas de tu matrimonio son cosa tuya", o que un hombre se dirija a la fallecida primera esposa de su padre:

"Gracias a tu muerte he podido nacer yo y te honro por eso". La reacción de los otros miembros a la pronunciación de estas frases sirve para evaluar si sus contenidos son acertados, y si las tensiones se han aliviado.

Si ello es así, los cambios en la configuración habrán tenido un efecto positivo en el interesado. Todo el proceso puede durar entre 15 minutos y una hora. Aunque no es tan habitual, también es posible configurar la familia actual en lugar de la de origen siguiendo el mismo proceder.

A continuación, el coordinador puede proponer la creación de un nuevo tipo de imagen sanadora, situando a los representantes o a la persona de otra manera. El proceso sanador culmina con la reconciliación y la restauración del orden.

El desenlace de estas manifestaciones expresará los vínculos de amor y dolor que unen a las familias, pudiendo salir a la luz razones y secretos. Es entonces cuando aparece una "imagen-solución" donde existe un orden espacial básico, y en el cual todos los miembros (representantes) se sienten bien, lo que provoca un alivio para el participante y será el comienzo para la resolución de sus relaciones negativas existentes.

Para sintetizar lo dicho hasta ahora puede decirse que, según la idea general de las Constelaciones Familiares, cada miembro de una familia debe ocupar un determinado puesto respecto de los demás, en el que se sienta aceptado y respetado, y asumir las responsabilidades y funciones que le son propios (pero no más.) En el transcurso de una Constelación Familiar, los lugares físicos que ocupan los representantes se consideran una metáfora de este orden familiar, o para ser exactos, de la imagen que el cliente tiene de ese orden. Así, la asunción terapéutica básica mantiene que, a través de las Constelaciones Familiares, esta imagen cambiará para bien, es decir, en la dirección de aliviar tensiones y distorsiones y procurando así un efecto sanador.

Realmente, Hellinger basó su proceso en el Psicodrama de Jacob Moreno, una representación teatral sin ensayo previo que intentaba llegar a las raíces de las familias, mediante el transporte generacional psicológico hasta el presente.

Según Moreno, *"el psicodrama es una nueva forma de psicoterapia que puede ser ampliamente aplicada. Históricamente el psicodrama representa el punto decisivo en el tratamiento del individuo aislado hacia el tratamiento del individuo en grupos, del tratamiento del individuo con métodos verbales hacia el tratamiento con métodos de acción. El psicodrama pone al paciente sobre un escenario, donde puede resolver sus problemas con la ayuda de unos pocos actores terapéuticos. Es tanto un método de diagnóstico como de tratamiento.* Del mismo modo, una constelación puede servir como proceso adjunto clarificador dentro de un curso convencional de psicoterapia, aunque con la novedad de que aquí el cliente apenas habla y su participación se centra en identificar a sí mismo y los miembros de su familia, pero nunca empleando la narrativa de su propio problema.

El interrogatorio

Hay que seleccionar a uno de ellos (al que se denomina cliente o buscador) para trabajar en su problema personal, mientras que los otros sirven como "representantes" o contribuyen activamente observando y concentrándose. Este sería el orden a seguir:

1.   El coordinador pregunta, "¿cuál es tu problema?" La respuesta puede ser importante: "Hace dos años murieron mi marido e hijo en un accidente. Estoy intentando aprender cómo vivir con eso." Pueden darse también casos más normales, por ejemplo, una estudiante de universidad que

divulgue, "tengo 21 años y me han diagnosticado depresión clínica."

2.   El coordinador pide información acerca de la familia original, buscando acontecimientos traumáticos en el pasado que puedan tener resonancia sistémica. Tales acontecimientos incluyen muertes prematuras, incluyendo abortos, asesinatos, suicidio, y muertes en épocas de guerra u otras circunstancias violentas, lo mismo que aquellos miembros de la familia que fueron rechazados, por ejemplo un niño retrasado que pasó la mayor parte en una institución, un bebé entregado en adopción, un padre desaparecido, un homosexual conflictivo, o alguien que renunció voluntariamente a la familia. El cliente debe evitar hacer comentarios subjetivos.

3.   Después, el coordinador pide que el cliente seleccione a miembros del grupo para representar a los sujetos de su familia. Habitualmente serán la familia inmediata o a sí mismo. En el primer caso citado arriba, el coordinador comenzó con el cliente y su marido e hijo; en el segundo caso, el cliente y un representante para la depresión.

4.   El cliente (buscador) está situado detrás de cada representante, colocando las manos en los hombros del representante para ponerlo en el lugar correcto. Una vez que los representantes están en su posición, el cliente se sienta y observa. Los representantes están situados en pie con los brazos al costado sin moverse. No están actuando en su papel. Durante algunos segundos la escena es solamente de calma. El coordinador observa y espera el comienzo.

5.   El coordinador puede investigar sobre cada representante con preguntas como, "¿qué sientes?". Los representantes a veces no manifiestan ninguna emoción en particular, aunque otras veces divulgan emociones fuertes o efectos físicos. Los informes son subjetivos y contienen un cierto aspecto de la proyección personal. Sin embargo, el entremezclar las proyecciones personales subjetivas con las otras no contamina el proceso en su totalidad.

6.	A menudo, emerge algo que identifica a alguien de la familia actual con un miembro difunto de la familia de una generación anterior. Si esta conexión está en una persona excluida, o en una que tenía un sino difícil, el miembro vivo de la familia puede ser dibujado para repetir este sino o para compensar qué ocurrió en el pasado.

7.	El coordinador trabaja lentamente con este retrato tridimensional de la familia. Primero hay que sacar algo oculto. En el caso de la mujer joven con depresión, lo oculto era la lealtad invisible del cliente a la pena de su abuela difunta.

8.	Después, el coordinador busca una resolución curativa. En el caso analizado, los representantes del cliente y la abuela hicieron frente a un tercer representante que simbolizó el objeto de la pena de la abuela. Cuando el cliente percibió el efecto que la lealtad a su abuela ocasionaba, comenzó la curación.

9.	Una vez que sale a luz una resolución, el cliente ocupa su lugar en la constelación, dejando de ser un elemento pasivo. El paso final es que el coordinador sugiera una o dos frases curativas que se hablarán en voz alta o interna. En este caso, la frase curativa era para el representante de la abuela.

10.	Luego, no hay conclusiones del coordinador, aunque todos pueden opinar. Los clientes que están en tratamiento psicológico pueden integrar estas representaciones con sus terapias.

Hay abundancia de anécdotas que confirman que en poco tiempo la nueva imagen de la familia sustituye a la imagen arcaica que originó el problema.

CAPÍTULO 4

DESARROLLO DE UNA CONSTELACIÓN FAMILIAR

Representación de las Constelaciones Familiares

Las Constelaciones Familiares se basan en una hermosa y liberadora terapia en grupo donde los participantes son situados en relación unos con otros, asimilando en esencia el papel de los miembros de aquella familia donde no se han podido resolver todos los acontecimientos o experiencias que les permiten seguir creciendo y evolucionando.

Datos a tener en cuenta

Para representar una constelación familiar, no es importante la personalidad ni las características de los miembros de la familia, y es preferible no dar información que pueda condicionar o distraer la inocencia de los representantes.
Los datos más importantes son los sucesos trágicos ocurridos en la historia de la familia de origen (familia de la madre o del padre: padres, abuelos, bisabuelos...), o en la familia actual.

Ejemplos:

1- Cuando se aborta un bebé o nace muerto y no hay duelo (o no se habla de ello.) Hay que considerar también los bebés muertos por abortos provocados o espontáneos, tanto de los familiares como del propio cliente.
2- Cuando niños o adultos jóvenes mueren y no hay duelo. Esto es muy frecuente en los familiares lejanos, sea por parentesco o lejanía social.

3- Cuando se regalan niños para adopción y no se vuelve a hablar de ello. Es muy importante sacar cuanto antes este drama humano, el cual puede afectar no solamente a los padres biológicos, sino al resto de la familia, y muy especialmente a los hermanos.

4- Cuando los padres adoptivos no reconocen a los padres naturales de sus hijos. Siempre se piensa que hay que ocultar toda la vida este dato al niño afectado, pero de ser así supone una angustia intensa tener que guardar este secreto.

5- Cuando no se reconocen a los amores anteriores o las relaciones importantes, no se honra a los matrimonios anteriores o no se reconocen a los hijos que se fueron con el cónyuge divorciado.

6- Cuando las experiencias de guerra no son recordadas y no se honra a los muertos.

7- Cuando no se visitan las tumbas de los difuntos, empleando varias justificaciones prácticas para ello.

8- Cuando hay "secretos" familiares (violaciones, abusos, crímenes, injusticias graves...)

9- Cuando hay amores secretos inconfesables, o infidelidades que a nadie se pudo contar.

Cuando se dan algunas de estas circunstancias, los efectos son percibidos por las generaciones siguientes (2, 3 o más generaciones). Estos efectos se manifiestan en sucesos como: suicidios, depresiones, parejas sin hijos, enfermedades mentales y físicas, adiciones... y todo ello sucede generalmente sin tener ningún conocimiento consciente de lo ocurrido anteriormente.

Las preguntas más importantes están relacionadas con:

Pérdida de seres queridos: muertes tempranas de hijos, padres, abuelos...

Exclusión de algún miembro de la familia, rencores que han provocado separación...

Incidentes graves...

Relaciones previas de los padres y sus consecuencias: nacimientos, accidentes, minusvalías, adopciones...

A continuación, se incluye una descripción más amplia de los principales hechos que dejan una profunda huella y pueden marcar a varias generaciones de una familia.

1) Pérdida de seres queridos: Muertes tempranas o prematuras

Muertes durante el parto:
Son especialmente importantes las muertes o las enfermedades durante y después del parto. Una madre o una abuela que muere dando a luz, un bebé que nace muerto, los abortos provocados y naturales (sin límite de tiempo).
 Otras muertes:
Alguien que haya muerto con menos de 25 ó 30 años de edad. ¿Algún hijo, hermano, padre, abuelo?
La muerte de un padre o madre con hijos menores de 15 años.
Accidentes trágicos donde muere un miembro de la familia.
 Violencia familiar:
Suicidios o intentos de suicidio.
Crímenes (especialmente los asesinatos).

2) Exclusiones

¿Algún miembro de la familia ha sido rechazado, desterrado, internado en un psiquiátrico, calumniado o tachado como la oveja negra?
¿Alguien en la familia se ha beneficiado de la pérdida de otro? Por ejemplo, una herencia o el usufructo de una vivienda familiar.
¿Alguien ha sido desposeído de su herencia por no estar presente o no disponer de un abogado?

¿Ha habido desacuerdos severos al repartir una herencia?

3) Destinos o incidentes graves

Enfermedades graves, discapacidades, accidentes graves,...
Malos trastos psíquicos o físicos, hacia cualquier cónyuge o pariente.
Padres de nacionalidades o culturas diferentes (emigrantes,...)
   Violencia fuera de la familia:
Barrios, escuelas o lugares de trabajo violentos.
  Sucesos de guerra:
Prisioneros y supervivientes, repatriaciones, terrorismo. Crimen durante la guerra.
Violaciones, abusos, injusticias graves, hambre, etc.

4) Relaciones anteriores importantes de la familia actual y de la familia de origen (padres y abuelos, a veces bisabuelos o tatarabuelos):

Parejas anteriores y sus hijos, primeros amores, novios, matrimonios, divorcios,...
¿Están casados los padres? ¿Han estado casados anteriormente o tenido una relación seria? ¿Alguna relación vinculante extramarital?...
  Separaciones traumáticas:
Hijos de anteriores parejas, hijos no reconocidos o hijos dados en adopción o abandonados. ¿Algún niño adoptado en la familia?
  Padres de nacionalidades o grupos étnicos opuestos:
¿Refugiados, expulsados de su país o deportados?

Diferencias entre el Interesado y el Participante:

- **Interesado, buscador o cliente:** Es aquella persona que elige la situación que desea resolver a través de los participantes y realiza el papel de observador.

- **Participante:** Aquella persona que interpreta el personaje con el fin de ayudar al Interesado a resolver su bloqueo. Posteriormente podrá ser también interesado.

Los invitados asisten en calidad de observadores, pero pueden llegar a participar si el grupo es muy reducido. Si el grupo de participantes es suficientemente amplio, los observadores no tendrán oportunidad de participar.

Preguntas sobre la familia de origen

En este trabajo lo más importante son los hechos o eventos importantes ocurridos en la historia familiar. La estructura de personalidad de los miembros de la familia no interesa.
¿Algo de lo siguiente ocurrió en su familia? ¿En la familia de su madre? ¿En la familia de su padre?
Estos son algunos de los hechos, que, por dejar una profunda huella, pueden ir "marcando" a varias generaciones de una familia:
- La muerte prematura de hijos, padres o abuelos
- Divorcios, parejas anteriores, incluso de padres y/o abuelos
- Accidentes trágicos donde muere un miembro de la familia
- Abortos provocados y naturales
- Un miembro de la familia es juzgado y excluido como la oveja negra
- Sucesos de Guerra
- Supervivientes de una catástrofe local o familiar
- Adopciones
- Una madre muere dando a luz
- Estafas de herencias
- Violaciones, abusos, injusticias graves por parte de jueces, etc.

¿Muertes tempranas o prematuras?

Alguien que haya muerto menor de 25 años
Padres fallecidos con niños menores de 15 años.
También cuentan los bebés nacidos muertos.
¿Alguien murió en el parto? Son especialmente importantes las enfermedades o muerte durante o después del parto (incluso si se trata de una abuela)
¿Suicidios o intentos de suicidios?

Delitos

¿Crímenes? (especialmente asesinatos)
¿Alguien estafado? (Por ej.: de su herencia)
¿Alguien fue calumniado o rechazado, desterrado, internado en psiquiátricos?

Destinos o Incidentes graves

¿Niños ilegítimos o niños que se dieron en adopción o abandonaron?
¿Enfermedades graves o discapacidades?
¿Padres de nacionalidades o culturas diferentes? ¿Emigrantes?

Relaciones anteriores de los padres

Otros matrimonios
Novios
Primeros amores

Incidentes

Los abortos tienen influencia en la relación de los padres, pero es un asunto privado que no debe comunicarse a los hijos.
Partos difíciles
Hospitalización en la infancia
Separación temprana de la madre por ausencia laboral o sentimental
Accidentes o experiencias cercanas a la muerte.

CAPÍTULO 5

¿CÓMO ACTÚA?

Una Constelación Familiar se crea cuando a los miembros de un grupo se les pide que representen a los miembros de una familia. Todos los participantes son intuitivamente colocados en una posición, e incluso habrá un miembro que representará a la persona sobre la cual se va a realizar la constelación. Desde el primer momento, aquellos que representan a la familia comienzan a sentir las emociones, miedos y deseos de las personas afectadas.   De una manera muy notable y sorprendente, la verdadera historia de la familia se expresa con claridad.

La explicación a este fenómeno psicológico está en la psicología cuántica, la cual explica que cada uno de nosotros está conectado a los demás a nivel del alma o la conciencia universal. Definido también como campo morfogenético, se trata de unos campos de información energética que son utilizables a través del espacio y del tiempo sin pérdida alguna de intensidad después de haber sido creados. Son campos no físicos que ejercen influencia sobre sistemas que presentan algún tipo de organización inherente.

Todas las cosas se organizan por sí mismas y la causa de las formas es la influencia de campos organizativos, campos formativos, llamados campos mórficos. El rasgo principal es que la forma de las sociedades, ideas, cristales y moléculas dependen de la manera en que tipos similares han sido organizados en el pasado. Hay una especie de memoria integrada en los campos mórficos de cada cosa auto-organizada, permitiendo que los actos pasados se hagan presentes, dando origen a cambios bruscos y consolidados.

Este campo, literalmente, nos conecta a todos telepáticamente entre sí, y es particularmente cierto para una familia. Está conectado con energía y emocionalmente a toda la familia durante el período de su vida física, independientemente de la distancia o el tiempo en que fue creado.

Cada órgano de nuestro cuerpo, riñones, hígado, pulmones, corazón, páncreas, etc, etc, trabaja junto a los otros en armonía a fin de preservar el buen funcionamiento del organismo humano. Sin embargo, se ha observado que los principales órganos almacenan su propia información y recuerdos, y a veces estos recuerdos no son ni siquiera nuestros, pero se originan en el sistema familiar. Por ejemplo, el trauma vivido por sus antepasados puede ser almacenado en los riñones que conducen a una disfunción en el sistema. El comportamiento de los quantum y su capacidad para traspasar la materia sólida, viajando sin problemas por el tiempo y el espacio, explica este proceso que se puede leer en el libro TEORÍA Y TERAPÉUTICA EN MEDICINA CUÁNTICA (Editorial Dilema).

Con la participación en una constelación, se logra vivir una experiencia profunda. Muchas personas han escuchado buenas manifestaciones sobre sus resultados, pero se sorprenden de la intensidad de la experiencia cuando ellos mismos la viven, sea cual sea la edad y condición del participante. En el fondo, subyace el deseo de todos de encontrar la armonía en la familia.

ALCANCE Y AUTENTICIDAD

Nos dicen los expertos en la materia que las Constelaciones Familiares no requieren de un lenguaje sofisticado ni de consultas continuas y que pueden ser útiles en hospitales, prisiones, en juicios y en centros educativos. Puede interesar a personas que se dediquen a profesiones concernientes a la psicología, la asistencia social, la sociología, la medicina, la educación y las leyes.

Como todo fenómeno masivo y nuevo, estas "Constelaciones Familiares" han creado controversias en relación a su alcance científico y profesional; por lo multitudinarias que llegan a ser; por que no se remite a la historia clínica de los pacientes, sino que observa sólo los sucesos trágicos familiares, de manera muchas veces rápida y urgente; por las dimensiones de circo romano que suelen tener, en las cuales Bert Hellinger asume el rol de buen líder gurú de las psicoterapias, seguido por muchedumbres donde "los perros ladran y las caravanas nos muestran su camino".

Este trabajo terapéutico no requiere la presencia de toda la familia, lo que en la mayoría de los casos sería difícil de lograr. Se trata de una terapia individual que se realiza en un grupo de pacientes y terapeutas interesados. Una persona que quiera configurar una constelación en relación a una cuestión determinada, primeramente, refiere su intención. A continuación, elige entre los presentes representantes a aquellas personas que van integrar su sistema familiar actual o de origen, incluyendo un representante para sí misma.

Luego las posiciona según su imagen interior en un lugar determinado sin hacer comentarios. Este proceso se realiza de una manera centrada y silenciosa. A continuación, la persona que consulta se sienta y observa el proceso. El terapeuta (coordinador) comienza a preguntar a los representantes por sus sensaciones y sentimientos en sus posiciones concretas. En este caso lo único importante es la percepción que alguien tiene en el lugar que se le asigna. No se trata de representar un papel ni de reinterpretar una situación.

Esta percepción y el conocimiento profundo de las dinámicas del sistema guían al terapeuta. A través de varios pasos intermedios, como el uso de frases curativas o ritos del lenguaje corporal, el terapeuta forma una imagen de solución en la que todos reciben el lugar correspondiente.

Las familias y su "conciencia común"

Bert Hellinger insiste en que las familias tienen determinados órdenes naturales, "órdenes de amor", y cuando estos órdenes se trastocan, surgen situaciones conflictivas que repercuten en las generaciones sucesivas. Este orden familiar está dirigido por una conciencia común, la cual hace que nadie sea excluido.

Cuando un miembro de la familia es olvidado o dejado de lado, volverá a aparecer de algún modo en forma de identificaciones o antagonismos con otros miembros del grupo. Es decir, la situación actual de una persona y sus conflictos están directamente relacionados con los conflictos, vivencias y alegrías de sus antepasados, incluso los que ya no viven. Es necesario entonces encontrar un orden nuevo para esas estructuras familiares difíciles, desencadenándose así una resolución de los problemas actuales.

Lo que una generación deje de resolver será la generación siguiente la que, incluso inconscientemente, intente resolverlo. Los asuntos no resueltos de los sistemas familiares anteriores (sucedidos dentro e incluso fuera de la familia) de una persona que pueden afectarla se manifiestan en forma de destinos trágicos, enfermedades, trastornos psíquicos y físicos y comportamientos conflictivos.

Hellinger intenta también hacer un abordaje social, por lo que postula que es importante tener en cuenta las consecuencias de la violencia política. Si las decisiones políticas no toman en cuenta valores éticos justos, no existen ganadores. Según él mismo explica, futuros descendientes, ciudadanos, personas concretas, padecerán los destinos de sus antecesores. Los hijos de los ocasionadores de violencia, se identificarán con sus víctimas, y el dolor ocasionado se transmitirá generacionalmente.

Lo esencial del mensaje de Hellinger es que la buena voluntad es insuficiente para que el amor pueda expresarse entre los humanos, que el amor necesita que se respeten determinadas leyes no tan evidentes.

Sobre las Órdenes del Amor

"La idea de que el amor puede superar todo -dice- lo contradice la experiencia. Muchos padres ven cómo sus hijos caen en la enfermedad o en la adicción, o que se suicidan a pesar de haberles dado todo su amor. Por tanto, es obvio que se necesita algo más para que ese amor se logre: el conocimiento y reconocimiento de un 'orden del amor' que actúa en las profundidades del alma. Mucho de ese 'orden' es secreto, obra en lo hondo del alma y lo tapamos frecuentemente con nuestras ideas, objeciones, deseos o miedos. Hay que tocar las profundidades del alma, pues, para experimentar las Órdenes del Amor. "
Y añade: *"Para un hijo, uno de los 'órdenes del amor' es que tome la vida tal como los padres se la dan. Ese tomar es una realización muy profunda que engloba el asentimiento a la vida y al destino con los límites y las posibilidades dados por los padres. Es un desprendimiento, una renuncia a exigencias que sobrepasan aquello que le llegó a través de los padres y que va mucho más allá de ellos, inclinándose ante el misterio del origen de la vida y abandonándose en él. Cuando eso se logra el corazón se abre de par en par y la paz y la completitud se alcanzan. Tomando a los padres tal como son se toma a la plenitud de la vida tal como es. Claro que cada uno experimenta también que tiene algo único, personal e irrepetible que no podemos juzgar. Todo forma parte de un destino e, independientemente de lo que uno haga o deje de hacer, de las ideas que defienda o rechace, lo hace cumpliendo un servicio que no comprende. "*

Estos son algunas de las "órdenes del amor" entre padres e hijos pero existen otras en las familias. Hellinger explica también que existe un sistema familiar con una conciencia

71

común que en su mayor parte es inconsciente. Y esa conciencia lleva a que se respeten ciertas leyes implícitas u órdenes del amor o a que, en caso contrario, existan compensaciones que pueden afectar a las siguientes generaciones. Por eso Hellinger, en las "constelaciones" que hace en sus cursos, da prioridad a las familias que tienen hijos.

Psicoterapia de familia

Aclararé que la *constelación familiar* es un tipo de psicoterapia familiar. Junto al -o los interesados- se encuentran el terapeuta y otros participantes que también esperan a que se realice su propia constelación. Lo explico: en una sala las personas que acuden al curso se sientan en círculo y uno expone brevemente la historia familiar y su problema, lo que le gustaría sanar. Después elige de entre los participantes a aquellos que van a representar a los miembros de su familia y a él mismo. Luego los ubica de pie en distintos lugares de la sala y en determinadas posiciones -por ejemplo, el padre dando la espalda a la madre, etc.- y a continuación, en absoluto silencio, éstos comienzan la escenificación. Generalmente, los improvisados actores, informados de las características de los familiares, terminan canalizando -guiados por sus impulsos internos- las sensaciones, emociones y actitudes de las personas que representan. Se les ve así interactuar, acercarse o alejarse unos de otros, expresar con el gesto, el movimiento y la mirada la situación oculta de la estructura familiar. Y el terapeuta (coordinador), merced a su intuición, termina de esa manera encontrando el entramado de lealtades, dramas y transgresiones reorientando la situación hacia una solución, llevando a los actores, a través de conmovedoras experiencias, a una disposición que permita que vuelva a fluir el amor y la paz en esa familia. Y el protagonista, con mirada atónita, observa de manera tan sencilla actuar a su "familia" recogiendo inconscientemente la información que necesita para sanar sus heridas internas y volver al amor.

Los procesos que se desarrollan son de una intensidad tal que no sólo el cliente sino quienes representan a su familia y los que han quedado sentados observando son tocados por la escenificación de un drama que, en algún punto, refleja sus propias vivencias familiares. Con lo que el efecto sanador termina por alcanzar a todos los presentes.

Recreando la estructura familiar con la *constelación*, los conflictos no resueltos pueden aclararse y los participantes ven cómo estas situaciones les han estado afectando desde la niñez. Y cómo reconociendo esas tendencias inconscientes el proceso sanador puede comenzar.

Las herramientas que se utilizan se apoyan pues en las soluciones, no en los conflictos. Y son sencillas y poderosas. Se parte de sacar a la luz el conflicto principal que se repite en nuestras vidas, se observa el equilibrio entre el dar y el recibir, se procura que cada uno ocupe el orden que le corresponde con toda dignidad (por ejemplo, que la hija no haga de madre), se honra a los padres, se expresa el orgullo que se siente por los hijos y se hacen duelos por las pérdidas.

Lo cierto es que cuando la terapia alcanza su plenitud, invade un respeto reverente. Algo sucede que se siente profundamente, difícil de expresar con palabras y la sala se llena de silencios y de miradas fugaces plenas de significado. Las escenas se suceden a un ritmo pausado cargadas del dramatismo de la vida misma, ayudando a liberar el alma del participante: la madre que llora al hijo no nacido o el hombre inclinado ante su madre que yace sin vida en el suelo, son ejemplos de cómo esta escenificación ayuda a sanar heridas que ni los años ni las palabras pudieron cicatrizar. Puedo asegurar que quien vive la experiencia de una Constelación Familiar entiende perfectamente lo que sucede porque el único lenguaje es el de los sentimientos. Para darle una explicación racional habría que recurrir a la teoría de los *campos morfogenéticos* propugnada hace años por Rupert

Sheldrake o a la Bioinformación, y entender que esta terapia establece una conexión con el alma familiar que se manifiesta en ese momento entre los presentes. Uno a uno, los amores, odios y dolores de los miembros de la familia se manifiestan ante los ojos atónitos del protagonista que comprende de una nueva manera liberadora la historia familiar y la suya propia.

Escuchado desde fuera es difícil de comprender, pero vivido desde dentro causa una profunda impresión. Es una terapia digna de respeto y altamente recomendable para aquellos que vivieron o viven algún drama familiar que dejó marcadas sus vidas.

Dinámicas ocultas

Toda enfermedad refleja el trastorno del conjunto orgánico. Cada vez que excluimos algo de la conciencia perdemos el equilibrio de las fuerzas del alma porque incurrimos en una carencia. El síntoma denuncia una falta, tiene un propósito y sentido e instaura un comienzo para un nuevo equilibrio.
Bert Hellinger, uno de los terapeutas más originales y creativos del mundo actual, investigó en su trabajo denominado "constelaciones familiares" las razones que conducen a las enfermedades graves y las implicaciones frecuentemente trágicas de la familia y la red familiar de una generación a la siguiente.

Estas dinámicas suelen ser inconscientes y abarcan:
1-		El deseo de un hijo que quiere seguir a algún miembro muerto de la familia (hermano, padre, madre). En este caso la enfermedad puede estar diciendo: "Te sigo" a la muerte, a la enfermedad, o a tu destino.
2-		Cuando un hijo percibe que alguno de sus padres quiere marcharse o morir. En este caso la enfermedad puede estar diciendo: "Prefiero morir yo antes que tú" o "Prefiero marcharme yo antes que tú".

3-		La expiación de una culpa personal o no. A veces se concibe como culpa aquello que se sustrae a toda influencia humana, como un hijo cuya madre muere al darle la vida.

4-		También existe la responsabilidad personal para con otra persona cuando alguien hizo algo grave. Frecuentemente se pretende reparar dañándose a sí mismo.

Detrás de estas dinámicas hay un profundo sentimiento de amor y lealtad que vincula el alma de la persona a su familia de origen. Pero este amor es ciego, tiene la creencia que a través del propio sufrimiento y muerte redime mágicamente a otros miembros del sistema, y todo esto sin que sea percibido por el afectado. Estas metas de amor infantil siguen existiendo en el adulto. La enfermedad le da a la persona la sensación de pertenencia, una sensación infantil de ser acogido en familia. También lleva implícito la arrogancia que con su enfermedad o muerte podría cambiar los destinos de otras personas, el amor en la familia tanto enferma como sana.

¿No suele estar el enfermo desvalido anímicamente, de modo similar a cuando estaba en la niñez? Ello ocasiona que muchas enfermedades tienen su origen en movimientos interrumpidos hacia los padres.

Hacer consciente dónde se interrumpió este amor y sacar a la luz este amor ciego posibilita que se libere encontrando otra solución. Puesto que la niñez es algo indeleble y nada podemos hacer para cambiarla, es posible en ocasiones canalizar esos problemas anteriores hacia personas presentes, sea de modo benéfico o destructivo.

CAPÍTULO 6

CONSTELACIONES Y FLORES DE BACH

Puesto que el sistema Constelaciones Familiares trata de problemas del alma, de situaciones familiares sin resolver y de una mejor adaptación social, es razonable que esta terapia se pueda reforzar con productos naturales que modifiquen el sistema anímico. De este modo, la solución a los problemas será más fácil, rápida y consolidada, consiguiendo que en pocas semanas la persona alcance unas cotas de estabilidad emocional y felicidad muy altas.

Al estar el paciente floral explorado desde una perspectiva arquetípica, buscando las equivalencias entre la información que proporciona y uno de los 38 signos descritos por Edward Bach, habrá que encajarle dentro de su conflicto de familia, necesitándose un poco de tiempo para no equivocarnos. Pronto, durante las sesiones, la personalidad del afectado quedará bien patente y podremos encontrar el remedio floral adecuado. Habrá que tener en cuenta tanto lo que el paciente describe, como aquello que el terapeuta entrenado reconoce y las observaciones hechas desde la perspectiva del constelador.

Desde este planteamiento, el Terapeuta Floral une cada información que ha percibido y oído en las sesiones (Genograma) a uno de estos remedios. Por ejemplo, une las situaciones de pérdidas, los duelos o la cárcel al arquetipo de *Star of Bethlehem*; las del exilio y las separaciones familiares al arquetipo de *Walnut*; las que implican delincuencia al de *Cherry Plum*; etc.

Las características familiares según Bach

Se incluyen hechos tales como fechas de la historia del país, de la economía, guerras, inmigraciones, fenómenos y catástrofes naturales, grandes descubrimientos, cambios tecnológicos, etc., que son incluidos por el paciente porque afectan a los vínculos familiares. Es una representación social, afectiva, visual del árbol genealógico, con nombres, lugares, fechas, vínculos, acontecimientos de la vida, nacimientos, accidentes, enfermedades, mudanzas, que tiene en cuenta determinados aspectos de lo social.

Se ponen así, en evidencia, los diferentes tipos de relaciones del sujeto con su entorno y los vínculos entre los diferentes personajes, la convivencia laboral, hogareña, las díadas, los triángulos, la coacción o las exclusiones entre, otros. No es solamente un árbol genealógico que ubica a los parientes, es la manera en que el autor de este árbol percibe a los integrantes de la familia, en el contexto social.

Según Bach, vincular en la familia nos remite a los miedos, más precisamente al arquetipo *Red Chestnut* como expresión máxima, cuya principal característica es estar apegado a la conexión, a la madre como elemento magnificado. Es el entramado del que nadie escapa, aún siendo el excluido. En otro sentido, *Red Chestnut* es el remedio que corresponde cuando el paciente manifiesta una preocupación desmedida por un ser querido. Desde la perspectiva de Hellinger aparece como una voz del paciente que se dirige a los padres diciendo: "Lo hago por vosotros".

Los objetivos

Parte del objetivo de este estudio es lograr dejar en evidencia los procesos de transmisión entre generaciones. Situarse así en una perspectiva que permita establecer la búsqueda de raíces.

Desde Bach la raíz, la identidad, la etnia, nos remiten a *Wild Oat* -la incertidumbre- cuya angustia se instala en relación a la búsqueda de su propia raíz, de su origen, de la raza, del aquí es mi casa, es la misión de encontrar qué creo yo que soy.

Desde la perspectiva de Hellinger es la voz del paciente diciendo: "En ti están mis raíces".

Como trabajar con la información y los arquetipos florales

Para poder comprender las modalidades transaccionales en juego, se observan los roles y las reglas que sostienen y rigen la trama familiar.

Ejemplos:

–La dinámica de los secretos nos lleva hasta *Walter Violet*, el remedio que trae a la conciencia el aislamiento obligatorio para los que deben guardar un secreto. *Chicory* es el arquetipo para describir las situaciones en las que el dueño del secreto manipula a los otros miembros y a las situaciones que se vinculan con él. *Star of Bethlehem* es el remedio para las situaciones en las que el secreto ha implicado daños o pérdidas y *Aspen* para cuando la implicación despierta temores acerca de lo desconocido o sobrenatural.

–La dinámica de las lealtades invisibles indica quc *Centaury* es la flor adecuada, para los que se someten a los designios de otras voluntades.

–La dinámica de los mitos es un claro exponente de *Walnut,* el arquetipo que hace referencia a las reglas de juego de las que no se puede librar nadie en un grupo determinado.

–La dinámica de la simbiosis, en donde *Red Chestnut* es el arquetipo que describe el aspecto en que se comparte el mismo tiempo y el mismo espacio con el otro, aún cuando los implicados ya hayan muerto.

–La dinámica del síndrome aniversario, con *Chestnut Bud* como el arquetipo que muestra la repetición inconsciente de un hecho.

–La dinámica de los duelos no resueltos, en donde *Star of Bethelem* es el arquetipo que hace referencia al trauma que genera la pérdida de un ser querido.

–La dinámica de lo no dicho, aún cuando no tenga estatuto de secreto, dirigiéndonos a *Water Violet* cuando aquel que no quiere exponerse lo hace porque siente que ocultando sus emociones o situaciones vividas se hace menos vulnerable.

–La dinámica de los hijos adoptados, con *Pine* como el arquetipo que describe la culpabilidad y *Crab Apple* es quien describe situaciones que turban y son estigmáticas.

–La dinámica de los hijos extramatrimoniales y los que permanecen ocultos, clara referencia a *Holly*, como el remedio para los sentimientos persecutorios, de rivalidad y celos.

–La dinámica de los hijos no nacidos, que se han perdido por abortos espontáneos o provocados, con *Star of Bethelem* para mitigar los sentimientos de perdida y *Pine*, el del remordimiento.

A cada una de estas dinámicas le corresponden respectivas frases sanadoras que el paciente o sus representantes pronuncian durante las sesiones. También, los pacientes que trabajan sobre su árbol genealógico y biografía, por escrito, las añaden en el texto.

El motivo, la pregunta o el problema por los cuales alguien desea hacer una constelación son los mismos por los cuales se pide la consulta floral.

El paciente (cliente), a veces no puede especificar el motivo de consulta, sin embargo, describe su malestar. Y frente a ello, cualquier terapeuta sea del signo y disciplina que sea, atiende a señales tales como las siguientes:

– *Elm*. El paciente comenta que sus relaciones están plagadas de tensiones y se encuentra agobiado.

– *Mustard*. Siendo imposible entender de dónde viene el dolor por tratarse de una situación en la que el sufrimiento viene de dentro y este interior es tomado como un exterior, por el propio sujeto que no lo reconoce como propio.

–*Pine*. Teniendo siempre sentimientos de culpa.

–*Gentian*. Estando triste y deprimido.

–*Gorse*. Sin esperanza de mejorar.

– *Water Violet*. Sintiéndose solo.

– *Sweet Chesnut*. Sintiéndose desesperado.

– *Wild Oat*. No encontrando el lugar en la vida.

– *Verbain*. Queriendo siempre imponer sus ideas.

– *Star of Bethlehem*. Habiendo tenido un nacimiento traumático.

– *Red Chestnut*. No dejando de pensar en su familia.

– *White Chestnut*. De modo recurrente.

– *Larch*. Sintiendo que siempre tiene mala suerte en el amor por sentirse inferior o fracasado.

– *Gentian*. Cuando siente que no puede seguir.

– *Sweet Chestnut*. Entrando en desesperación por la sensación de haberse tirado muchas veces del avión sin que el paracaídas se abra.

– *Honeysuckle*. Planteándose que quiere resolver el pasado porque mira hacia atrás.

– *White Chestnut*. Que debe revisar algunos asuntos trasnochados que tiene en el sótano del alma.

Situaciones familiares

Después de oír alguno de estos comentarios, podemos pensar que estas son situaciones que se muestran como un callejón sin salida en las que el amor no puede fluir, en las que el sistema familiar de origen y el sistema familiar del presente quedan abarcados.

En otras palabras, por un lado la familia original y por otro las causas que uno mismo ha provocado a lo largo de la vida deben ser revisadas. Desde cualquier estrategia clínica, Hellinger ha creado un método en el cual sus entrevistas son escuetas y a veces sus respuestas aún lo son más. Esta característica es sólo su estilo personal y no es esencial al método de las constelaciones. Lo que es original en la táctica del constelador es que usa una herramienta sistematizada por un número creciente de practicantes, cuyo común denominador son las Órdenes del Amor.

Sintetizarlos o hacer una lista de ellos, es llegar a lo esencial, y podríamos decir que las Órdenes están al servicio de la reconciliación de múltiples dualidades. El sexo, la edad, la pareja anterior, el orden de llegada de los hermanos, los que se fueron, etc., o cualquier exceso, puede impedir al sujeto seguir con su vida, y esto puede ser tema para el constelador y para el terapeuta floral. Lo único que es propio de su arte y oficio es evitar el desorden. Bach a través de sus glosas, llega al interior de situaciones que se discriminan con toda claridad unas de otras, y en el mismo sentido hay un idéntico propósito para hacer que cada frase sea concisa.

La dificultad para aceptar a la madre

Sara consulta porque se encuentra distanciada de su madre, siendo la esencia *Water Violet* el arquetipo de la separación. No obstante, habla de ella con mucha dedicación (nos acercamos a *Red Chesnut*) y describe la relación en la que no se corta el cordón umbilical y el paciente no puede soltarse porque no ha salido y se queda dando vueltas en un campo que ya no es el suyo. El orden que primero atiende un constelador es el de la dificultad en aceptar a la madre, que desencadena muchas dificultades en ello. Por ejemplo, si una persona consulta por su dificultad para ganar o tener dinero, debemos mirar cómo es la relación con su madre.

Sara realmente siente desprecio por su madre (*Crab Apple*) siendo el arquetipo de la vergüenza ajena y el sentimiento de falta de pureza, y guarda una cautelosa y sobria distancia con ella. La madre hace lo propio (*Water Violet*, por la lejanía de la madre) y Sara sufre por esa relación de frialdad (otra vez *Water Violet*). También deja ver que ambas se sienten perseguidas por estos sentimientos (*Holly* por la paranoia.) Ambas comparten la dificultad, y cuando se investiga desde la mirada sistémica, el paso más obvio, llegado a este punto, es ir a ver qué pasó con la abuela de Sara.

La abuela no conoció a Sara, pues murió un mes antes de que ella naciera (*Star of Bethlehem*, por la pérdida). Las fichas que representan a la abuela, a Sara y su madre, están ubicadas ya en el tablero. Entre la abuela y Sara se establece un buen contacto, y cuando los ojos de los que representan a ambas se encuentran, en la pequeña escena de la constelación, Sara dice "Siento algo especial por ella" y sonríe espontáneamente. Esta empatía o atracción, al contrario de la fobia o rechazo, sucede cuando el arquetipo -*Mimulus*- se da en positivo y también cuando desaparece la desconfianza – *Holly*.

En cambio, la madre de Sara y la abuela están de espaldas y Sara mirando la constelación de elementos sobre la mesa, dice: "Mi madre tampoco se llevaba bien con su madre" – *Willow* por el reclamo reivindicatorio que le hace; *Beech*, porque siente desprecio e intolerancia hacia ella; *Water Violet*, porque además está distanciada.

El terapeuta (coordinador) propone entonces soluciones. Lo primero es mostrar la dinámica para lograrlo. Por ejemplo, se pueden sugerir frases que la hija dice a la propia madre, tales como: "A ti te ha pasado con la abuela lo mismo que a mi contigo"; con lo cual busca aliviar tensiones, produciendo un efecto reconciliador. Para eso le pide a Sara que ponga suavemente un dedo sobre su representante, para decir una frase. Estas locuciones, resultan muy poderosas. A veces, parecen mágicas.

Después de hacerlo, el terapeuta hace comentarios. Pueden ser muy cortos. Bert opina que lo que más cura es lo más breve; pero esto puede o no ser factible y adecuado. Por ejemplo, puede señalar, que la abuela que ama a su nieta a la vez se encuentra unida a su propia hija. Sin embargo, la frase que sigue es clarificadora: "No conocí tampoco a mi abuela que murió cuando mi madre tenía quince años y por ello he padecido el síndrome de aniversario con mis dos hijas".

Las personas olvidadas

Irene se sintió marginada -*Beech*, por la discriminación- y se fue de su casa a los 17 años -*Water Violet*-. El modo que buscó para marcharse fue el casamiento. Los padres hicieron una gran fiesta en el pequeño pueblo, pero se separó un año después y desde entonces se casó y separó varias veces. Sus relaciones amorosas fracasaron consecutivamente -*Larch* por la anticipación al fracaso y *Chesnut Bud*, por la reiteración.

Vive sola desde hace 12 años, tiene escaso contacto con sus padres -*Water Violet*, por el aislamiento- y muchas quejas y asuntos querellantes con sus amigos -*Willow*, por el reclamo-. Su abuela tenía una hermana discapacitada que por vergüenza de la familia -*Crab Apple*, por lo estigmático- fue encerrada en un asilo; y allí murió siendo una niña -*Star of Bethelem*, por su desaparición-. Nunca más fue mencionada; crimen que el sistema buscará reparar luego -*Clematis*, porque se la saca de la superficie visible y *Vine* porque se operó desde la mayor impunidad.

Los destinos de los miembros expulsados se repiten. Es imposible olvidarlos y esa conciencia familiar aparecerá representada tarde o temprano en un destino similar. Mirando la constelación sobre el tablero vemos que Irene está situada al margen y alejada de los demás miembros de su familia -*Water Violet*-. Cuando la terapeuta le pregunta por sus sentimientos dice que ella se siente indiferente -*Wild Rose*-. Durante la constelación, el rostro de Irene parece extasiado de amor cuando percibe a la persona que representa a su tía abuela y desea estar cerca de ella. Entonces, mueve a su representante y las pone frente a frente -*Holly + Red Chesnut*-. En el próximo paso, la tía abuela le dice: "Yo nací discapacitada" -*Larch*, por la minusvalía, *Star of Bethlehem*, por lo traumático-. "Me enviaron a un asilo y fallecí prematuramente"; "era mi destino y lo acepto" -*Sweet Chestnut*, por la sana renuncia.

Irene se inclina ante ella y luego dice, "yo te honro a ti y a tu destino, mírame amistosamente, estoy de tu lado". La tía abuela le responde amistosamente "puedes estar unida a mi y también unida a ellos".

De esta manera Irene puede iluminar una parte de su propio sistema y quizá se sienta aliviada y liberada.

La infelicidad a veces se elige por lealtad

El sufrimiento y la infelicidad se transmiten de generación en generación. Quien quiera separarse de su familia y su destino en medio de la ira o el enojo sólo lo conseguirá superficialmente; en su interior seguirá vinculado y cumpliendo el papel predeterminado -*Red Chestnut*.

Yo tampoco puedo tener pareja

Veamos en un ejemplo cómo el motivo de la consulta es la dificultad en encontrar pareja.

Durante la constelación familiar de Carlos se demuestra como él está ligado a la infelicidad de su padre -*Centauro*-, porque esto lo esclaviza, y *Red Chestnut*, porque le sigue ciegamente-. Entonces, Carlos dice "yo me comporto igual que tú por amor" -*Holly*.

Carlos se inclina ante el padre y le dice "yo te honro a ti y a tu destino; te dejo ir; yo sólo soy el hijo, por favor mírame amistosamente cuando tenga una buena relación".

Esta solución tiende a mostrarle a Carlos que puede dejar esta fidelidad con la infelicidad del padre y buscar ser feliz con una pareja.

Cargar con la depresión del padre

En otro ejemplo, vemos cómo María tiene desde hace años fases depresivas -*Gorse*, por la desesperanza de que esto mejore; *Gentian*, por la depresión propiamente dicha-. Tiene una inmensa culpa que ha llevado por mucho tiempo -*Pine*.

El representante del padre, puede decirle a la representante de María: "Yo cargo con la responsabilidad", --*Elm*, por la sobreexigencia-, cuando la hipótesis es que ella carga con los sentimientos del padre.

Los padres estrictos que no pueden ser cariñosos

Padre joven que consulta porqué es estricto y no puede ser cariñoso con sus dos hijitas que tienen cinco y un año respectivamente. Se queja de que no las puede manejar. Cree que él es muy estricto. La mayor tiene enuresis (se orina de noche). Quizá él tiene que ver la relación con su padre que según dice ha sido muy exigente y nunca fue dulce ni estuvo cariñoso, ni le acogió como hijo, por lo cual él es un llorón que no deja que su hija llore, en respuesta a lo cual la nena se orina. El abuelo murió súbitamente cuando el padre tenía sólo 19 y la abuela no le proporcionó cariño adecuado.

Son las madres las que hacen esto. Cuando trabajamos a cada padre, de la generación respectiva, junto a su esposa, hacemos que estas lleven a sus hijos frente al padre correspondiente y construimos una frase sanadora: para que los chicos dejen de hacerse pis hay que dejarlos que lloren.

El abuso de las mujeres en la familia

Virginia viene a la consulta porque rechaza a la familia de la madre -*Beech,* intolerancia- y en especial a la madre. En la familia hay una saga de hijas violadas y de hijos que nacen de esas uniones y las mujeres especialmente madres e hijas están muy distanciadas entre sí -*Water Vioket-*. Es nulo el dialogo madre/ hija. "A pesar de todo eso es mi madre, a pesar de mi rechazo es mi madre, a pesar de mi miedo hacia ella soy su hija".

Las hospitalizaciones y la interrupción del movimiento amoroso

Martín fue hospitalizado antes de los dos años por que ingirió un frasco de veneno que encontró. Cuando volvió a su casa sufría de "hospitalismo" y reaccionaba con sentimientos de dolor, rabia y frustración -*Holly, Willow-*. Sus relaciones posteriores crecieron hacia la nostalgia –*Honeysuckle-*. Ya adulto se deja ver en la constelación su deseo de continuar siendo rechazado principalmente por sus padres y provocando inconscientemente este desenlace en sus relaciones.

Los sobrevivientes de las tragedias familiares

Marta tiene desde hace años depresiones -*Gorse, Gentian, Sweet Chesnut-*; cansancio de vivir -*Mustard, Gorse, Wild Oat-*. Durante esos periodos piensa incluso en el suicidio -*White Chestnut, Sweet Chestnut, Gentian-*. Estos sentimientos amenazan con contagiar a su familia la depresión -*Walnut, Chicory-* pues se detectan síntomas similares en su hija -*Red Chestnut, Walnut.*

Cuando se le preguntó si había muerto alguien en la familia prematuramente, salió a la luz que cuando ella tenía tres años murió en un accidente su hermano que sólo tenía seis -*Star of Bethelem*.

La muerte influye de manera inmediata en la familia y en los hermanos sobrevivientes. El sentimiento de culpa -*Pine*- provoca en los vivos un movimiento hacia la muerte: "yo te sigo" -*Star of Bethelem, Centaury*.

Este "yo te sigo" -*Centaury, Red Chesnut, Star of Bethlehem*- aparece en enfermedades de los hijos cuando son jóvenes; en el exceso de drogas del más pequeño y, cuando practican deportes de alto riesgo -*Cherry Plum*-, como manifestación de un débil deseo de continuar vivo.

Otras flores para Marta y los otros miembros implicados son *Mustard*, por la depresión endógena; *Hornmbeam*, por la falta de fuerzas internas; *Wild Oat*, porque sus deseos son irreconocibles; quedando un sentimiento de nostalgia hacia la muerte o de deseo de marcharse de la vida -*Honeysukle*, por la patología melancólica.

Los sentimientos adquiridos

Lucas se siente a menudo torturado por sentimientos de culpa –*Pine*-; para los que no encuentra motivo - *Mustard*- por no saber a qué atribuirlo y por lo ciclotímico.

Cabe preguntarse qué miembro de la familia tuvo motivos para tener esos sentimientos. Lucas descubre que su padre abandonó -*Vine*- a su primera mujer en la guerra y que esta murió. Luego su padre se casa con su madre y nace él. Su padre ha olvidado completamente a su primera mujer.

En la constelación el representante de Lucas le dice al representante del padre: "es tuyo el sentimiento de culpa que he cargado tanto tiempo". El representante del padre dice "yo reconozco mi culpa -*Pine*- y cargo con la responsabilidad".

CAPÍTULO 7

ENFERMEDADES CRÓNICAS Y SÍNTOMAS EN LAS CONSTELACIONES FAMILIARES

Este novedoso enfoque en psicoterapia, fenomenológico y sistémico, nos muestra que en muchas enfermedades existe un mensaje de amor e intentos de llegar a un equilibrio en la familia. Al hacer la constelación familiar se genera un movimiento sanador, que al develar la dinámica oculta, la felicidad secreta de la enfermedad pierde su sentido encauzándolo hacia la vida y la salud. Este método terapéutico es complementario de la intervención médica; lo que trabaja es otra realidad que emerge a la luz. En la familia enfermamos no porque sus integrantes sean malos, sino porque en las familias actúan destinos que implican, influyen y afectan a todos sus miembros. El amor en la familia puede enfermar o sanar. También ahí, donde nosotros nos desviamos de un orden, orden del amor, nos vuelve o nos guía de regreso una enfermedad, teniendo un sentido que nuestra mente no entiende pero que el alma necesita. Sanamos en familia porque una vez que descubrimos el mismo amor que llevó a la enfermedad, este se une al conocimiento para buscar otra solución.

Los dolores de cabeza expresan amor contenido y dejándolo fluir hacia donde tiene que ir es camino de solución. Los dolores de espalda están evitando una inclinación profunda ante alguien o algo en la familia. Esta inclinación significa honrar a alguien y es un movimiento físico, que unido con una inclinación interior, es muy liberador. Cuando un hijo ve que su padre se quiere morir, el hijo dice "yo lo haré en tu lugar" por amor hacia su padre.

Detrás de muchas adicciones hay un intento de querer ir hacia la muerte. La dinámica oculta en la familia detrás de la adicción es que la madre le dice al hijo, "Toma sólo de mí.

Aquello que viene de tu padre y de su familia no vale nada, no debes tomarlo".

Entonces el hijo se venga de la madre tomando tanto que le perjudica; es a la vez la venganza y la expiación por no poder tomar del padre. Cuando esta persona con la mirada en la madre logra que su padre entre igualmente en su vida, puede dejar la adicción. Esto vale tanto para el alcohol, las drogas y la bulimia. La adicción se desarrolla frecuentemente cuando la madre impide el acceso al padre.

Detrás de enfermedades de cáncer en mujeres las constelaciones han mostrado a menudo que existe un rechazo a la madre y que en algunos casos es generacional.

En el caso de enfermos de asma el trabajo mostró que no pueden darse si las personas se hacen fuertes y no actúan como niños. Dejando el espacio justo hacia la madre y al padre pueden exhalar y sus pulmones podrán admitir más aire. En la depresión crónica si se logra integrar al progenitor excluido, el nivel emocional básico se eleva.

Todas estas son observaciones que surgen del trabajo terapéutico con constelaciones familiares, nos indican que no hay una constelación igual a la otra, por lo que no se puede generalizar. Lo que sí se puede generalizar es: "Entero, sano en su totalidad, solamente se puede sentir uno que ha tomado en su corazón a todos a quienes pertenece. Que puede mirar a cada uno a quien pertenece a los ojos y puede decir 'lo tomo de ti' también a ese precio y me lo guardo como algo especial. Y quien ha tomado de esta manera y está en sintonía con lo que ha recibido, con lo fácil y con lo difícil, y quien está en sintonía con aquello que no ha podido recibir, tiene todo lo que necesita. Nadie puede pasar de largo de los padres y sea cual fuere el precio solamente los pueden tomar como son y con todo lo que les pertenece".

CAPÍTULO 8

MOVIMIENTOS DEL ALMA
Conferencia de Bert Hellinger

"¿Qué significa exactamente *Los movimientos del alma*? Hay que verlo en relación con el trabajo de Constelaciones Familiares –comenzó a explicar Bert Hellinger-. El trabajo con Constelaciones Familiares es el método más importante con el que yo intento ayudar a familias y a personas individuales. Para aquellos de vosotros que todavía no conocen tan bien este trabajo, lo explicaré brevemente:
Cuando alguien tiene un problema, que quizá tenga que ver con su familia (por ejemplo, si una persona ve que en su familia ha habido varios miembros que se volvieron psicóticos, a través de varias generaciones), se puede suponer que en la familia hubo algún suceso especial, por lo que se mira de encontrar soluciones para dar un giro positivo a estos destinos tan difíciles. Y para esto sirve el trabajo con Constelaciones. Por tanto, cuando un cliente viene a un grupo y relata el problema, con la ayuda de los demás participantes del grupo se configura su familia, bien sea su familia actual o la familia de la que proviene. Elige de entre los presentes a representantes, por ejemplo, para su padre, para su madre, para sus hermanos y también para sí mismo.
Después configura estas personas, las va posicionando y relacionando en el espacio y, si lo hace de forma centrada, algo surge que a él mismo sorprende. Por ejemplo, ve de repente que todos miran en una misma dirección y con esto se puede deducir que todos están mirando a alguien que fue olvidado o excluido. Así, cuando uno pregunta, el cliente de repente se acuerda que su abuela materna murió en el parto. Cuando algo así ocurre en una familia, los demás lo sienten como miedo. Por tanto, preferirían no mirarlo. Pero la Constelación muestra que todos están mirando allá, y el alma

del individuo mira también hacia allá. Y así yo, como terapeuta, elijo a una representante para aquella mujer que murió en el parto y la pongo delante de los demás representantes. De repente, los sentimientos de todos los implicados cambian. Quizá, antes estaban rígidos y ahora pueden moverse y se dan cuenta de la importancia que aquella mujer tiene para ellos. Quizá una hija de aquella familia se acerca a la abuela y la abraza con un profundo amor y ahí se puede ver que esa hija, que nunca conoció a la abuela, está vinculada con ella mediante un profundo amor.

Si uno luego investiga, la madre tal vez diga: "Sí, esta hija dijo varias veces que quería morirse". Es decir, esa hija quiere ir con la abuela muerta. De repente sale a la luz una conexión entre aquella abuela y la nieta. Eso es lo que yo llamo implicaciones sistémicas.

Por tanto, a través del trabajo con Constelaciones Familiares muchas veces se muestra que alguien pretende imitar a otro miembro de la familia, es decir, que quiere tener el mismo destino que otra persona, sin que esa persona sepa nada de la otra.

Y así de repente, a través del trabajo con Constelaciones, se revelan unas leyes, unos órdenes, según los cuales las personas se comportan, muchas veces en su propio detrimento, porque interiormente quisieran ayudar a otra persona, pero no pueden hacerlo. Si esa hija muriera, nada se solucionaría. La abuela no se encontrará mejor y todo el resto de la familia también estará peor.

Por tanto, con la ayuda del trabajo con Constelaciones, haciendo pequeños cambios en la imagen, o sacando los movimientos profundos del alma o también las frases secretas del amor, uno puede liberar a otras personas de esas implicaciones.

Es decir, volviendo sobre el ejemplo de antes, si aquella nieta va hacia su abuela, yo le pido que le mire a los ojos y le diga: 'Querida abuela, me gustaría morir como tú, por amor hacia ti, para guardar tu memoria'. Así sale a la luz el profundo amor de esa nieta a su abuela.

¿Y cómo reacciona la abuela, entonces? Ella le dice: 'Querida nieta, puedes venir conmigo más tarde; cuando ya te hayas hecho grande y vieja, entonces te esperaré. Pero ahora me alegro si sigues con vida. Te bendigo, si sigues con vida'. Así la nieta puede tomar aquello de la abuela y en vez de querer morir por amor a la abuela, ahora, por amor a la abuela, quiere vivir. De este modo, a través de las Constelaciones Familiares se pueden iniciar y también mostrar unas soluciones preciosas para toda la familia. Eso sería la parte de fuera, pero en el trabajo con Constelaciones ocurre algo extraordinario: los representantes, una vez configurados, sienten de la misma manera que las personas reales que ellas representan, sin que las conozcan. A veces incluso desarrollan los síntomas de las personas que ellos representan. De pronto, alguien se queda sin aliento, no puede respirar, y preguntando uno puede saber que la persona que él representa tiene asma... o la voz cambia... o alguien de repente tiene la expresión de una rabia asesina y recibimos la información de que la persona que representa tenía ese tipo de rabia asesina contra otro miembro de la familia.

La pregunta es: ¿cómo es posible este fenómeno: que alguien lo perciba inmediatamente, sin saber nada de todo ello? Yo tengo una explicación, una imagen. No sé si es exacta. Todas estas cosas son misteriosas. Pero la imagen que yo me hago, es la mejor para explicarlo".

El alma

"Ahora diré algo sobre el alma, ya que el tema de esta conferencia es 'Los movimientos del alma'. ¿De qué alma se trata en este caso?

Aquí, entre nosotros, en el mundo de Occidente, bajo la influencia del cristianismo -pero si lo miramos bien, no fue el cristianismo, sino la filosofía griega que más tarde fluyó también en el cristianismo-, tenemos la idea de que cada persona tiene un alma, le pertenece, tiene que cuidarla, incluso tiene que salvarla, como si se pudiera perder. Algunos incluso tienen la imagen de que el alma esté encerrada en el cuerpo, como en una prisión, y el alma desearía salir de esa prisión, para por fin dejar atrás al cuerpo y llegar al cielo, sin ese lastre. Es una imagen muy extraña.

Solamente quisiera aportar una diferenciación, para que veáis lo absurdo que es. Un hombre ama a una mujer. ¿Cómo la puede amar, si ambos llevan un alma en su interior, presa de su cuerpo? ¿Cómo pueden entrar en relación el uno con el otro? ¿Cómo pueden amarse, cómo podrían comprenderse, y si se miran a los ojos, por qué pueden mirar al corazón del otro, si cada uno está con su alma? No.

Ellos dos tienen un alma en común lo cual significa que ambos participan en un alma mayor. No es que cada uno de nosotros tengamos un alma, sino que todos nosotros pertenecemos a un alma más grande.

Cuando lo comprendemos nos volvemos serenos, el corazón se abre de par en par. De repente podemos ver a todos aquí en una Gran Alma. Sabemos que estamos unidos con todos y que todos nosotros somos iguales en esta Gran Alma.

Esto es una idea muy bella, y en el trabajo con Constelaciones se evidencia que nos hallamos en un alma grande. Así es posible que sepamos qué es lo que ocurre en otras personas que ni siquiera conocemos. Esas personas pueden influir sobre nosotros. De repente podemos sentir como ellos, como si nos poseyeran, como si tomaran posesión de nosotros, y así, cuando esto ocurre, ya no somos nosotros los que tenemos que hacer algo, sino que el alma obra para ayudar a todos -siempre y cuando nosotros nos entreguemos a ella y nos abandonemos a los profundos movimientos del alma.

Pero, ¿quién sabe hacer esto? Muy pocos lo saben hacer. ¿Por qué? Hay algo que se opone".

La conciencia

"Y ahora tocaré un tema muy difícil. Al alma y a los movimientos del alma, se opone algo que tradicionalmente estimamos muchísimo, como si fuera algo muy especial, incluso, pensamos que Dios mismo nos lo dio: la conciencia.

Muchos dicen 'la conciencia es la voz de Dios en mi alma'. Pero si os fijáis bien, cuando una persona dice 'yo lo hago siguiendo mi conciencia', 'mi conciencia me obliga a hacer esto', por regla general, ¿qué es lo que hace?

Quien de esta manera se remonta a su conciencia, por regla general le hace daño a otra persona. ¿Y eso lo habrá hecho por un mandamiento de Dios? No, la conciencia no tiene nada que ver con Dios. Mirando cómo funciona esa conciencia, primero sentimos que tenemos un sentimiento de culpa y, a veces, muchas veces, un sentimiento de inocencia. Cuando nos sentimos inocentes nos sentimos bien, y también ligeros y serenos. Sintiéndonos culpables nos sentimos cargados, no nos encontramos tan bien. Es decir, la conciencia nos dirige a través de un sentimiento agradable, eso sería la inocencia, y a través de un sentimiento desagradable, lo cual sería la culpa.

Algo similar ocurre en nosotros con el sentido del equilibrio. Si estamos en equilibrio, nos sentimos seguros. En cuanto nos salimos del equilibrio, la sensación es tan desagradable, que inmediatamente procuramos recuperar el equilibrio. También el sentido del equilibrio nos va dirigiendo a través de un sentimiento agradable y otro desagradable. No es nada más que un sentido muy normal e instintivo, pero no es ciego, porque de inmediato percibe lo necesario. Por tanto, al mismo tiempo es sabio. Mirando este ejemplo, tal vez podamos comprender mejor, más fácilmente, cómo actúa la conciencia. También la conciencia es un sentido instintivo, con el que inmediatamente podemos percibir algo que para nosotros resulta bueno o peligroso. ¿Cuál es, pues, la meta de la conciencia? La conciencia nos vincula con nuestra familia. Cuando un hijo hace algo que le asegura la pertenencia a la familia, si se comporta -como nosotros decimos- 'bien', este hijo se siente inocente. Pero 'inocente' no significa únicamente que puede estar contento de formar parte de la familia, sino que puede estar seguro de poder formar parte. Si, en cambio, el hijo hace algo que en la familia se considera malo, este hijo desarrolla una mala conciencia y esa mala conciencia es tan desagradable que el hijo corregirá su comportamiento para volver a ser 'bueno', como solemos decir. Y así puede volver a estar seguro de su pertenencia. Es decir, con la ayuda de la conciencia, en cualquier momento percibimos aquello que asegura la pertenencia y aquello que la pone en peligro, y eso no solamente es válido para nuestra familia, también es válido para cualquier otro grupo.

Por ejemplo, nosotros ahora aquí formamos un grupo, cualquiera de nosotros sabe cómo tiene que comportarse para poder permanecer aquí. Ahora estáis aquí sentados en vuestras butacas y me estáis escuchando atentamente y sabéis: 'si me comporto así, puedo quedarme'. Si ahora alguno empezara a hacer ruido, molestando a todo este grupo, ¿qué hacemos entonces? Le echaremos y pierde la pertenencia a este grupo. Y cualquiera sabe de forma instintiva que, si se comportara así, le pasaría eso. Por tanto, no lo hacemos, porque sería tan desagradable hacer ese ridículo, que lo dejamos estar.

Todo grupo tiene determinadas reglas que uno tiene que respetar para formar parte, y uno sabe que, si infringe esas reglas, pierde la pertenencia al grupo. Por tanto, no tenemos solamente una conciencia, sino que tenemos muchas. Por ejemplo, tenemos una conciencia con nuestra madre, y otra con nuestro padre. Aquello que le parece bien al padre, a veces para la madre no es nada. Y al revés. Con la ayuda de la conciencia sabemos exactamente cómo tenemos que comportarnos con la madre y cómo con el padre. O un niño sabe que en el colegio se tiene que comportar de una manera distinta que, en casa, y entre los amigos, de otra manera que en casa. Y en el club de fútbol, diferente que en la iglesia... Siempre nos damos cuenta inmediatamente de qué tenemos que hacer para formar parte y qué tenemos que evitar para no perder esa pertenencia. Suena muy fácil, pero ¿qué es lo que esa conciencia hace realmente? Inicia una distinción en el mundo. A saber, la distinción entre el bien y el mal. Bueno es aquello que nos asegura la pertenencia, malo es aquello que la pone en peligro.

Si ahora alguien infringe las reglas de una familia, ella, con la conciencia absolutamente tranquila, lo excluirá. Así, esa conciencia se vuelve mala, ese sería el marco estrecho. Pero fijémonos ahora en las relaciones entre diferentes grupos. Por ejemplo, en un país como la Argentina. Allí hay diversos grupos: los unos se sienten mejores, otros son considerados inferiores; algunos son venerados, otros son desterrados. Y todo esto con la ayuda de la conciencia. Esta conciencia es la que sentimos y es relativamente simple de comprender.

Pero volviendo ahora al ejemplo de un principio. Hablando, por ejemplo, de los movimientos que se van desarrollando cuando la nieta pretende seguir a su abuela a la muerte. Por una parte, veremos que esa nieta se siente buena, ya que siente el amor hacia su abuela, y muy profundamente en su alma está convencida de hacer algo bueno. Pero si miramos a la familia como un conjunto, y no solamente a la familia más inmediata (el padre, la madre y los hijos), sino también las generaciones anteriores, vemos que existen patrones repetitivos. Toda la red familiar se comporta como si tuviera una conciencia común. Esa conciencia no se puede sentir, únicamente se muestra a través del trabajo con Constelaciones. Esta conciencia sigue a leyes totalmente distintas que la conciencia que nosotros sentimos.

Os daré un ejemplo: Vino a verme un hombre que dijo que acaba de saber que, en su familia durante los últimos cien años, varios hombres se suicidaron, siempre a la edad de 27 años y siempre un 31 de diciembre. Es curioso, ¿no?

El hombre era abogado, y empezó a investigar para saber qué había ocurrido.

Observando ese patrón en su familia, se dio cuenta de que un primo suyo iba a cumplir los 27 años y que el 31 de diciembre se estaba acercando. Así fue a verlo para advertirlo, y ese primo ya había comprado un revolver para pegarse un tiro. El abogado pudo disuadirlo. Al final, sus investigaciones dieron el siguiente resultado: el primer marido de su bisabuela murió con 27 años un 31 de diciembre. El hombre siguió investigando y supo que esa bisabuela, poco después, se casó con otro hombre, que fue su bisabuelo. Y estos dos envenenaron al primer marido de la bisabuela. Es decir, algo ocurrió hace muchísimos años y, sin embargo, seguía actuando a través de las generaciones en esa familia, de una forma que nos tiene que espantar. ¿Qué ocurre aquí? La conciencia común, la conciencia inconsciente colectiva de esa familia no permite que nadie sea excluido, que nadie sufra ninguna injusticia, sin que más tarde esta persona excluida, en este caso, el asesinado, fuera representado a través de otros miembros de la familia, que toman sobre sí el mismo destino. En este caso, el destino de morir a la misma edad el mismo día, hasta que aquel hombre del principio, el primer marido de la bisabuela, pueda salir a la luz de nuevo. De manera que surja la injusticia que él sufrió, para que le den la honra y sea reintegrado, y vuelva a ser de nuevo un miembro de esa familia.

Esta conciencia sigue una ley importante. Esa ley dice: cualquier miembro de la familia, independientemente de cómo sea, tiene el mismo derecho a la pertenencia que todos los demás. Por tanto, en esta conciencia, la distinción entre bueno y malo, como lo establece la conciencia personal, no existe. En cambio, busca mantener la integridad de toda la familia, pero de una manera que no le ayuda a nadie. Porque no le ayuda nada al primer marido de la bisabuela el hecho de que, años después, tres hombres o más se suiciden a la misma edad, el mismo día.

Lo único que ocurre es que la desgracia se perpetúa. ¿Cómo se puede salir de este círculo vicioso? No podemos hacerlo con la ayuda de la conciencia. Tienen que obrar otras fuerzas para que esto se logre y eso es lo que yo llamo los movimientos del alma: los movimientos de la Gran Alma en la que todos participamos. Esta Gran Alma quiere reintegrar a todos los que están separados. En este caso lo hice de la siguiente manera: Ese abogado que encontró esos hechos terribles sobre el marido de su bisabuela acudió a mi, presa del pánico, en peligro agudo de suicidarse. Fui con él a mi habitación, le dije que se apoyara de espaldas en una de las paredes y en el otro lado se imaginara al primer marido de su bisabuela y le dijera: "Sé lo que hicieron contigo, yo te honro y te doy un lugar en mi corazón y, por favor, mírame con buenos ojos si sigo con vida". E inmediatamente pudo sentir cómo ese primer marido de su bisabuela le miró amablemente. Este hombre había sido reintegrado en la familia y para mi cliente el peligro de suicidarse había acabado. Nunca más lo sintió. Al mismo tiempo también le dije que mirara a su bisabuela y a su bisabuelo y les dijera "Sé lo que hicisteis, vosotros le matasteis. Ahora vosotros tenéis que asumir la culpa". De modo qué él ya no tenía que hacerse cargo de esa culpa, porque lo que estaba ocurriendo era que aquellos que se habían suicidado eran al mismo tiempo asesinos y víctimas. Es decir, al mismo tiempo estaban identificados con el primer marido de la bisabuela y también, con los asesinos, la bisabuela y su segundo marido.
¿Cómo actúa ahora la Gran Alma? La Gran Alma hace que tanto las víctimas como los perpetradores se encuentren en un mismo nivel. Al final, las víctimas tienen que admitir a los perpetradores muertos. Los perpetradores muertos tienen que ponerse al lado de las víctimas muertas, echarse a su lado y sentir con ellos el dolor. Y así quizá puedan encontrar la paz. Quisiera explicarlo también con otro ejemplo. El año pasado estuve en Israel y también allí hice Constelaciones Familiares y una mujer contó que su padre fue asesinado por un árabe.

Así configuramos a tan sólo dos personas: al padre de ese cliente, es decir, un israelí, y su asesino, cuyo representante fue también israelí. Estaban el uno en frente del otro. El perpetrador tenía grandes dificultades para mirar a los ojos de su víctima. Primero se retiró moviendo el puño y después, muy poco a poco, empezó a mirar al otro. De repente entre ellos dos empezó a desarrollarse un amor muy profundo. El representante del asesinado extendió su brazo y el otro, bajo un dolor intenso, empezó a acercarse a él. Finalmente se abrazaron durante mucho tiempo, muy entrañablemente. Después el representante de la víctima se dejó caer al suelo, se echó de espaldas y el representante del árabe se puso a su lado y así estuvieron en paz. Todo transcurrió sin ninguna intervención exterior de parte del terapeuta. Se desarrolló por sí solo en el alma de estos representantes. Ésos serían movimientos del alma. Es lo que hace que aquello que estaba separado se vuelva a unir y hace que todos sean iguales.

Ahora responderé a sus preguntas:

Pregunta: Escuché atentamente lo que Ud. dijo y en muchos tramos habló de lo que es la conciencia, pero no nombra al inconsciente. De hecho, lo nombró una sola vez cuando habló del sentimiento y el deseo de pertenencia a la familia y aquel que no pertenece siente un rechazo absoluto. Primero no quedó claro de quién es el sentimiento de rechazo. Y hay ejemplos en la historia de la humanidad de personas que pertenecieron a la familia científica. ¿Por qué hablar de rechazo a la no pertenencia, si por ejemplo Galileo Galilei fue expulsado de la familia científica y a pesar de eso la humanidad tuvo avances inconmensurables?
Hellinger: Creo que esas preguntas nos apartan en lo que aquí en realidad cuenta. Lo que aquí cuenta es saber qué cosa ayuda cuando una persona está implicada en su sistema familiar y está haciendo algo que en realidad le hace daño.

Quisiera explicarlo de una forma distinta también. Quien está sano, por regla general está bien. Eso se podría comparar al sentimiento de inocencia si yo hago aquello que me asegura la pertenencia. Quien cae enfermo se siente mal y sintiéndose tan mal, hace todo para recuperar su salud, y eso sería comparable a la mala conciencia. Es decir, el efecto de la enfermedad sería similar al efecto de la mala conciencia.

Pero también hay muchas personas que cuando escuchan que están gravemente enfermas, se sienten aliviadas, incluso felices. Un amigo mío, un médico, participó en un proyecto de investigación en la Universidad de Heilbek con el que querían saber si, cuando las mujeres acudían a un examen médico para averiguar si tenían cáncer, un observador inteligente, aún antes del diagnóstico real, podía saber si la mujer tenía cáncer. Así pudieron comprobar, muy fácilmente, con un alto grado de acierto, que todas las que tenían miedo de morir, no tenían cáncer... El cáncer muchas veces muestra que no solamente se trata de una enfermedad del cuerpo, sino que esa persona desea morir. Por eso tampoco ayuda nada si esa persona tan sólo recibe medicamentos, cuando el alma no está dispuesta a estar sana.

Otro ejemplo: Un amigo mío dirige una gran clínica y un jefe de departamento, de repente, desarrolló un tumor cerebral. Yo le pregunté, cómo reaccionó ese hombre al saberlo, cuando supo ese diagnóstico. Me dijo: Estaba encantado. ¿No es curioso? Es decir, aquí actúan fuerzas que hay que mirar muy detenidamente. Por tanto, cuando aquí hablamos del alma o de la buena o mala conciencia, se trata de ayudar a personas que se encuentren en una situación así.

He trabajado mucho con pacientes de cáncer y muchas veces se puede ver, sobre todo en mujeres, que ellas se niegan a respetar a su madre y yo cuando en una constelación les pido que se inclinen ante su madre, que se inclinen profundamente, dándole la honra, estas mujeres se niegan de una forma que nos hace suponer que preferirían morir antes que dar la honra a su madre. ¿No es curioso?

Ejercicio

En este contexto, haré un ejercicio con vosotros acerca de los movimientos del alma, para que quizá podáis distinguir esa precisión en vuestra propia alma.

Cerrar los ojos e imaginaros que estáis delante de vuestros padres... están a cierta distancia el uno al lado del otro... y detrás de vuestros padres, están sus padres... y detrás de éstos, otra vez, sus padres... y después los padres de éstos... Una larga fila.

Y así estáis delante de vuestros padres, y detrás de ellos veis a todos sus antepasados... y, lejos, lejos, detrás de todos... intuís una fuerza misteriosa, de la que no sabemos nada, pero que reconocemos por sus efectos... Y desde tan lejos, nos fluye la vida... a través de todas esas generaciones, hasta los padres, y de los padres hacia vosotros. Y esa vida que viene de muy lejos es absolutamente pura, sin ninguna perturbación... fluye a través de todos, sin disminuir, siempre sigue siendo la misma... y así esta vida fluye a través de vuestros padres hacia vosotros...

Y después os inclináis profundamente ante los padres... ante sus padres... ante sus padres... más allá, lejos, de todas esas generaciones y también del misterio del que esta vida proviene...

Ahora, ¿tiene alguna importancia saber cómo eran esos padres? Sean como sean, a través de todos ellos, la vida fluye pura y plenamente...

Y ahora podéis abrir el corazón de par en par, recibir esa vida en vosotros. Os dais la vuelta, os apoyáis de espaldas contra los padres, y miráis hacia delante... hacia vuestros hijos, los nietos y las demás generaciones que aún vendrán... Vosotros estáis en medio de ese gran río y todos, a través de los que esta vida fluye, son iguales. Igual de grandes, igual de pequeños, igual de buenos... todos no son más que hombres...

(Tres minutos de silencio)

Orden y Amor

Lo primero que los padres dan a los hijos es la vida. Con este acto de tan profunda realización le dan todo lo que tienen. No pueden ni agregar ni restar nada. En esta consumación del amor, el padre y la madre lo dan todo. Que el hijo tome la vida tal como los padres se la dan sin omitir ni querer eliminar nada es un orden del amor.

El hijo es sus padres y si asiente a sus padres tal cual como son, asiente a la vida que viene de lejos y a través de ellos. Este tomar le permite sintonizar con la vida y llevar adelante su desarrollo con todas sus potencialidades traspasando luego a sus propios hijos lo que tomó.

En cambio, quien dice "son mis padres, pero no los quiero", sustituye el tomar por el exigir y el reproche. El resultado es que los hijos se sienten vacíos e inactivos y no pueden estar en paz consigo mismo. El tomar al padre y a la madre es un proceso curativo. Cuando uno de los padres queda excluido el hijo sólo está a medias, nota la falta y es la base de la depresión.

Los hijos que piensan que tomando a sus padres en su totalidad asimilarían lo negativo de ellos, pierden sin embargo lo bueno de ellos y no pueden encontrar su propia identidad, quedando unidos en el reproche infantil. Del miedo a hacerse como los padres resulta que el hijo está constantemente mirándolos. El desprenderse de los padres y crear lo propio requiere finalizar con el reclamo del "me han dado demasiado poco, o aún me deben, o lo que me dieron y en la forma que me lo dieron ha sido equivocado". De esta manera los hijos quedan íntimamente ligados a los padres, pero de un modo patológico. Ni el hijo tiene a los padres, ni los padres tienen al hijo. Tiene a los padres delante de sí y el hijo no puede avanzar. La despedida se logra en cuanto toma todo lo que le dieron y reconoce a sus padres con sus posibilidades y sus límites.

CAPÍTULO 9

TERAPIA PRIMAL

Durante los últimos treinta años, la terapia primal ha adquirido un amplio conocimiento sobre los seres humanos y sus motivaciones. Lo que hemos descubierto, tan trivial como pueda parecer, es que todo se centra en el "amor". No el amor romántico de las novelas, sino el amor de un padre/madre para un hijo/hija.

Cuando un niño carece de amor y calor, se produce dolor, y si ese dolor no se siente y se integra, causará enfermedades físicas y emocionales en una etapa posterior de la vida. No importa que esa falta de amor se manifieste en forma de rechazo, crítica, humillación, o ignorando al niño. Todo termina afectando los procesos internos del cerebro y del organismo en general.

Durante las últimas décadas de trabajo con la terapia primal, hemos podido adquirir una amplia variedad de conocimientos relacionados con la psicología, la biología y la neurología. Los recientes avances en esos campos han ampliado nuestro conocimiento de forma que podemos integrar información proveniente de diferentes campos de investigación bajo una única estructura de trabajo que nos permite comprender a los seres humanos, nuestras motivaciones, nuestro inconsciente y cómo nuestra historia nos afecta.

Esa historia se remonta hasta los primeros meses de nuestra vida cuando la sensibilidad al dolor es estructurada, y el feto empieza a recibir sensaciones de dolor.

Quién podía imaginar que las jaquecas, la claustrofobia o los problemas sexuales pudieran iniciarse al nacer, cuando se produce un suministro de oxígeno deficiente y que ello es debido a una madre fumadora que lleva a su hijo a sufrir por falta de oxígeno.

Todos somos criaturas con necesidades. Estas necesidades no son excesivas: Ser alimentado, estar seco y caliente, ser cogido y acariciado, y ser estimulado. Estas necesidades primarias son la realidad central del niño.

La neurosis

El proceso neurótico se inicia cuando estas necesidades no son satisfechas durante un tiempo. Un recién nacido no sabe que tiene que ser cogido en brazos cuando llora o que no debe ser destetado demasiado pronto. Al principio hará todo lo posible para satisfacer sus necesidades. Llorará y pataleará para que se atiendan sus necesidades, pero si estas continúan sin ser satisfechas, o bien sufrirá un dolor continuo hasta que sus padres las satisfagan o se apartará de su dolor desconectándose de su necesidad.

Esta separación de uno mismo de sus necesidades y sentimientos es una maniobra instintiva para desconectarse de un dolor excesivo. Esto no significa sin embargo que las necesidades no satisfechas desaparezcan, sino que, por el contrario, continúan de por vida presionando inconscientemente, pero constantemente.

En este proceso, el individuo aprende a perseguir algún tipo de satisfacción sustitutoria. Un niño que es destetado muy pronto aprende cómo desviar y canalizar sus necesidades reales hacia otras simbólicas. Cuando sea adulto puede que no sienta la necesidad de chupar del pezón de su madre, pero puede ser un empedernido fumador.

No nacemos en este mundo esperando oír alabanzas, pero cuando los esfuerzos de un niño son criticados constantemente y le hacemos sentir que nada de lo que haga será lo suficientemente bueno, puede desarrollar una ansiedad por oír alabanzas. De forma similar, cuando la necesidad del niño por expresarse es suprimida, tal negación puede transformarse en una necesidad de hablar incesantemente.

Un niño amado no tiene necesidad de oír alabanzas. Es valorado por lo que es. No por lo que puede hacer para satisfacer las necesidades de sus padres. Y eso mismo ocurre en los mayores.

El niño se desconecta en etapas. Cada supresión y negación de una necesidad hace que el niño se desconecte un poco más, hasta que un día se produce un giro crítico en donde el niño se desconecta de forma global. Desde ese momento, funcionará con un sistema dual: El yo irreal y el yo real.

Un padre que necesita sentirse respetado porque ha sido humillado constantemente por sus padres, puede exigir que sus hijos sean "exquisitamente" respetuosos, que no le digan nada negativo.

Un padre infantil puede exigir que su hijo crezca excesivamente rápido y que en realidad crezca mucho antes de estar preparado, de forma que el padre pueda seguir siendo el niño atendido que nunca fue.

El hijo puede ser empujado a sonreír, a decir adiós, mas tarde a sentarse y a caminar, y con el tiempo aprenderá a empujarse a si mismo hasta sus límites para que sus padres tengan un niño aventajado.

Según se desarrolla, los requisitos serán aún más complejos. Tiene que sacar sobresalientes, ser sumiso, cumplir con sus obligaciones servicialmente, estar callado y no pedir nada, decir cosas brillantes, ser un atleta, etc. Pero lo que nunca hará es ser él mismo.

El dolor de espalda, el insomnio, la depresión, la artrosis, las jaquecas, y otras muchas otras enfermedades son tan comunes que la sociedad ha construido nuevas industrias para disminuir únicamente el dolor, no analizar sus causas.

Un cuerpo único

Los especialistas dividen en general las disfunciones humanas en enfermedades físicas y psicológicas, y las tratan como si fueran dos mundos diferentes, a pesar de que hay claras evidencias que apuntan en sentido contrario.

En la terapia primal, tenemos una gran evidencia de que toda herida emocional tiene una contrapartida corporal, y que ambas no deben de ser separadas.

La verdadera causa de muerte en el mundo no son las enfermedades del corazón, el cáncer o el fallo del sistema inmunológico, es la represión. La represión limita nuestra habilidad para reaccionar a los sucesos, e inhibe la expresión de nuestros sentimientos. La represión es la raíz de muchas enfermedades, emocionales y físicas, y con frecuencia llega a matar.

No sólo nos causa actuar simbólicamente y "chocar" con otras personas sin ni siquiera darnos cuenta, sino que también nos mantiene lejos de nosotros mismos y nos impide ser nosotros mismos y disfrutar de nuestra vida.

Aunque la represión nos hace miserables y con frecuencia nos hace enfermar, su poder no ha sido realmente apreciado, porque es una fuerza tan invisible como la misma gravedad. Se entrelaza con nuestros recuerdos traumáticos y nubla nuestra historia alterando nuestra percepción, de forma que no vemos lo que no nos atrevemos a ver, y no comprendemos lo que es peligroso conocer.

En la terapia primal trabajamos en sentido contrario al método convencional. En vez de trabajar desde los síntomas a las posibles causas, trabajamos desde las causas hacia los síntomas.

Necesidades no cubiertas

Los perjudiciales efectos de la privación de nuestras necesidades tempranas no han sido extraídos de alguna teoría abstracta, sino que más bien han evolucionado después de muchos años de experiencias escuchando los llantos de los pacientes, oyendo lo que no recibieron cuando eran niños.

La terapia primal ayuda a las personas a resolver las necesidades no satisfechas. Estas necesidades tienen poco que ver con la autoestima, el ego, la autovaloración, la visualización creativa o los ejercicios para crear pensamientos positivos.

Tratar la necesidad en vez de ignorarla o drogarla o aplastarla en el olvido, es la única fórmula para normalizar la célula y devolver al organismo a la homeostasis o balance correcto.

Lo que hay en el inconsciente es algo que la mayoría de los psiquiatras, psicólogos o psicoterapeutas nunca han llegado a imaginar. Cuanto más profundizamos en el inconsciente mayores son las posibilidades de curación. Hemos descubierto que no hay nada más curativo que los sentimientos.

Somos seres históricos, y cualquier terapia que rechace esa historia está condenada al fracaso. Sin la historia, todo lo que alguien puede ofrecer es ayuda, que no está mal, pero con la historia uno puede ofrecer la curación.

La neurosis está tan extendida que parece haber sido programada genéticamente en la mayoría de la población. Pero la neurosis no se hereda. Lo que heredamos es una estructura cerebral formada y moldeada durante millones de años que tiene la capacidad para la neurosis. Este legado nos ha dado la capacidad para controlar el dolor mediante la represión.

En otras palabras, sobrevivimos usando mecanismos que nos ayudan a evitar y distorsionar la realidad cuando esa realidad es excesivamente sobrecogedora.

La hiperactividad que comienza cuando un niño es dejado solo durante horas o días nada más nacer, y que continua con el rechazo de una madre enferma o deprimida, puede ser la causa de una trombosis o una parálisis parcial a los 65 años de edad.

La neurosis está en todos los sitios y en ningún sitio. Tiene tantas caras, que parece como si estuviéramos tratando con cientos de enfermedades en vez de una sola. Tiene unos mecanismos tan elaborados dentro que es muy difícil señalarla y tratarla.

La represión conserva nuestros traumas infantiles en su pureza original. La realidad actual no tiene ninguna posibilidad de victoria contra las viejas heridas y necesidades. Incluso cuando somos queridos y adorados de adultos, seguimos desesperados por conseguir aquel amor negado de nuestra infancia, y aunque recibamos un montón de alabanzas en el presente, tenderemos a fijarnos en cualquier pequeña crítica, porque resuena con nuestro pasado que siempre fue muy crítico.

En el cerebro, el pasado es ahora. Nunca podrá haber suficiente amor en el presente para cambiar el pasado, nunca suficiente alabanza para equilibrar toda una vida de rechazo y desaprobación.

Marilyn Monroe fue testigo de ello. Querida por presidentes, escritores famosos y deportistas de élite, adorada por millones de fans, aún así siguió sintiendo la falta de amor. Nada de eso le sirvió para evitar consumir drogas y alcohol para suavizar su dolor. Su dolor estaba fuertemente enraizado por el rechazo, durante su infancia, en hogares extraños, hospicios y otras instituciones. Si su historia incluye el incesto, lo cual ha sido señalado por algunos autores, la combinación de fuerzas debe de haber sido demoledora.

Al final, los aplausos de miles de personas no es el verdadero amor, es un símbolo del amor. El amor son abrazos y besos, responsabilidad, cuidado, protección, estabilidad, y estar ahí cuando la otra persona lo necesita.

¿Qué es un ser humano? ¿Qué es la neurosis? ¿A qué se debe la ansiedad y la depresión de la gente? ¿Que ha pasado en nuestra infancia? ¿Por qué enfermamos? ¿Cómo nos curamos?

La búsqueda de respuestas es la misma causa que ha mantenido apartados a los investigadores de las verdaderas soluciones. Al analizar la vida humana por partes, dividiendo a los seres humanos hasta llegar a las partes más microscópicas de sus órganos, midiendo esta célula o aquella hormona, no hemos considerado al ser humano como un todo, y esto nos ha impedido encontrar la respuesta de quién somos y porqué somos de esta forma.

Y al filosofar sobre la naturaleza básica del hombre, hemos sido conducidos al interior de nuestras cabezas, y nos hemos alejado de nuestros sentimientos y de las fuerzas que nos pueden dar las respuestas a aquello que buscamos.

Dos casos

La neurosis no puede ser interpretada, tiene que ser sentida. Los sentimientos tienen una lógica propia que nos permite seguir el verdadero camino hacia la resolución de nuestros traumas. Pero debido a que la memoria puede ser selectiva, ¿cómo sabemos que los recuerdos recobrados durante la terapia son reales?

Generalmente esto no es fácil de comprobar, pero a veces se dan casos. Dos ejemplos:

Un paciente revivió una experiencia en donde su madre apenas le daba de comer. Recordaba estar en sus brazos cuando tenía seis meses de vida, pero su madre no le daba de mamar. Recordaba cómo miraba hacia arriba y veía los pendientes de su madre, y se preguntaba porqué no le amamantaba. Cuando visitó a su madre, y le describió los pendientes, ella se quedó atónita, ya que había perdido los pendientes cuando su hijo tenía un año, y nunca había hablado de ello con nadie, sin embargo la descripción del color y la forma era exacta.

En otro caso, un paciente al revivir su nacimiento, recordaba a su hermana gemela y sentía las dificultades que había tenido para nacer detrás de ella. Su madre le dijo que eso era imposible, ya que él era su primer hijo. Para cerciorarse, fue al hospital y en los archivos pudo comprobar que era el segundo nacimiento.

Recordar con dolor

Con la terapia primal, seguimos una dirección diametralmente opuesta a los tratamientos convencionales. No consideramos a los seres humanos como una colección de síntomas, órganos o células, sino como un único organismo. No nos dedicamos a tratar por separado una presión arterial alta u otro problema parcial específico. Pero no hay una salida sin dolor de la neurosis.

Darse cuenta de uno mismo sin sentirse, significa simplemente ser un observador objetivo de un ser dividido. Unir nuestro ser requiere sufrimiento, porque el sufrimiento es lo que nos ha separado de nosotros mismos.

Aunque desde fuera da un poco de miedo, las personas que hacen la terapia apenas pueden esperar a su próxima sesión para volver a recordar y sentir su vida.

Uno no tiene que estar temeroso de su inconsciente. No es un lugar lleno de monstruos o fantasmas. No hay ningún demonio del siglo XVIII, ni fuerzas oscuras a lo Freud. Sólo está el "yo auténtico", el niño perdido, un niño triste e inocente, un niño desesperado y rabiado.

La neurosis es la defensa del organismo ante una realidad catastrófica con el fin de proteger su propio desarrollo y su integridad psico-física.

El camino a la insatisfacción

No tiene que suceder nada excesivamente traumático para producir la neurosis. Puede producirse al no dejar al niño protestar o llorar cuando no se siente feliz. Los padres pueden no permitir el enfado: "Las niñas buenas no hacen eso"... "Los niños buenos no contestan". El niño asimila muy pronto la idea de lo que tiene que hacer: Haz lo que tienes que hacer o "ya sabes". Es la desesperación de que nunca va a ser amado lo que causa la separación. El niño tiene que negar la evidencia de que sus necesidades nunca van a ser atendidas haga lo que haga.

Los niños nacen con necesidades biológicas reales, algunas de las cuales por una u otra razón no son satisfechas por sus padres o substitutos. Puede suceder que algunos padres sean incapaces de reconocer las necesidades de sus hijos, o que esos padres intenten no cometer ningún error y, siguiendo los consejos de algún especialista en el desarrollo infantil, alimenten y atiendan a sus hijos siguiendo un ordenado programa de educación para conseguir el desarrollo perfecto de sus hijos lo antes posible. En cualquier caso, ni la ignorancia de los padres ni una metodología estricta es la responsable de la neurosis que nuestra especie ha creado desde el principio de la historia humana.

La razón principal por la que los niños se vuelven neuróticos es que sus padres están demasiado ocupados con sus propias necesidades insatisfechas de la infancia. Y esas necesidades deben de ser "actuadas". Buscará substitutos de sus padres con quienes actuar su drama neurótico o convertirá a cualquier persona en figura paterna o materna para que satisfagan sus necesidades. Si un padre fue reprimido verbalmente y nunca se le permitió decir nada, sus hijos van a ser sus oyentes, y estos, teniendo que ser oyentes constantemente tendrán necesidades reprimidas para que otros los escuchen. Estos otros pueden tranquilamente ser sus propios hijos.

Reconocimiento público

La fascinación de ver nuestros nombres publicados en las páginas de los periódicos es una indicación de la tremenda privación de reconocimiento individual que muchos de nosotros hemos sufrido. Esos logros, aunque sean muy reales, sirven como una meta que substituye el amor de nuestros padres. Complacer a una audiencia se convierte entonces en nuestra principal batalla. Lo que la persona neurótica hace es poner nuevas etiquetas a la necesidad de sentirse importante sobre las necesidades inconscientes de ser amado y valorado.

Cada día, mes y año que los padres privan a sus hijos de atención y afecto, se van acumulando pequeños dolores hasta que alcanzan un punto crítico en que el niño se desconecta. Las privaciones, sean repentinas o graduales, son traumas que los niños pequeños no están equipados para comprender o explicar. Según crecen, experimentan un sentimiento de soledad: "Estoy tan solo"; para más adelante transformarse en un sufrimiento amorfo: "Me siento tan mal y no sé porqué".

Lo que generalmente denominamos neurosis, ansiedad, preocupaciones y temores, falta de autoestima, pensamientos negativos repetitivos, obsesiones y compulsiones, son simples signos externos del dolor enterrado.

Nuestro sistema encuentra formas de contener el dolor para seguir, pero el dolor sigue ahí. La falta de amor durante la infancia no se esfuma sin más al crecer. El trauma pasado se mantiene ahí como memoria impresa.

A causa de esta "impresión", seguimos con nuestras vidas sintiéndonos solos, ansiosos, vacíos, deprimidos, buscando el amor, pero sin saber cómo, dejando un reguero de relaciones insatisfechas, mientras nos preguntamos porqué.

La fuerza de la represión es diabólica, porque no puede ser vista, olida, saboreada o palpada. Por eso es tan difícil de aceptar.

Recientes investigaciones con el trasplante de órganos, parecen indicar que las células pueden tener memorias impresas propias. Una mujer que tuvo un trasplante de corazón y pulmones, empezó a tener un gran deseo de beber cerveza y comer pizza. Una investigación posterior descubrió que el donante era adicto a ambas cosas. La misma persona también empezó a tener sueños sobre lugares y personas que eran conocidos para el donante. Decidió llamar a otras personas que habían tenido trasplantes de órganos y descubrió que a muchos les habían pasado cosas similares.

Esto es sólo anecdótico, pero parece apuntar en la dirección de que existe una memoria celular, recuerdos no registrados en el cerebro, sino en otras partes del organismo. Hay una necesidad aún más básica que la necesidad alimentos, calor, atención, afecto, cuidado o protección: el oxígeno.

La importancia de un parto feliz

Por desgracia, la neurosis puede nacer antes que nosotros. Con demasiada frecuencia durante el nacimiento, las madres reciben fuertes dosis de analgésicos para el dolor. Si una madre recibe una dosis lo suficientemente grande, la anestesia actúa directamente sobre las funciones de supervivencia del feto, interfiriendo con el acceso al oxígeno y puede ser una amenaza a la vida.

En algunos casos, el cordón umbilical es cortado demasiado pronto, impidiendo que llegue el tan necesitado oxígeno de la placenta. La privación de oxígeno también puede ocurrir cuando el cordón umbilical se enrolla alrededor del cuello del bebé. Cuando el feto es privado de oxígeno, sus sistemas circulatorio y respiratorio se paralizan, y su cuerpo empieza a entrar en un estado de frenesí.

Luchar en contra de la muerte es una reacción normal, pero en este caso, la lucha incrementa el riesgo. A mayor lucha, mayor necesidad de oxígeno. El resultado es el síndrome estresante del feto. La lucha activa consume demasiado oxígeno y hace que la carencia de oxigeno sea aún mayor. Cuanto mayor es la lucha, más se aprieta el cordón umbilical y mayor es la asfixia.

En un feto en lucha, dos cosas pueden ocurrir. O bien utiliza los depósitos extras de oxígeno y cambia la alcalinidad de la sangre, o se activa la represión para parar el frenesí y conservar el oxígeno con el fin de salvar la vida. En cualquier caso, sea cual sea el mecanismo, el resultado es la inconsciencia.

Esta reacción es grabada en el bebé como una "impresión" y va a servir como una reacción prototípica más adelante en respuesta a cualquier clase de estrés. Para muchos de nosotros esta experiencia puede permanecer enterrada durante toda la vida, afectando nuestra salud y la forma en que funcionamos en el mundo.

Un trauma de nacimiento con anoxia puede tener consecuencias catastróficas, y con frecuencia se traduce en enfermedades infantiles: alergias, asma, epilepsia, etc. De adulto, el trauma de nacimiento puede llevar a la depresión e intentos de suicidio, síndrome de fatiga crónico, ataques de pánico, fobias, paranoias o psicosis.

Todo queda grabado

Aunque muchos de nosotros recordamos haber sufrido castigos físicos y psíquicos, resulta difícil creer que los recuerdos se trasladen hasta el nacimiento. Sin embargo, los recuerdos más poderosos son aquellos que no tienen palabras. No hay palabras o ideas con los que describir estas experiencias traumáticas tan tempranas. Ninguna forma de hacerlas lógicas.

Aquellos que afirman que no podemos tener sentimientos antes de nacer y que no podemos tener recuerdos antes de tener palabras con las que recordar, ignoran la evidencia en contra. El feto es capaz de registrar, codificar y almacenar dolor antes de nacer. Además ¿cómo son capaces de saber si hay sentimientos desde el momento de engendrar una nueva vida? ¿No están tratando acaso de excusarse para permitir el aborto?

Entre la séptima y la vigésima semana, los conductos nerviosos que llevan la señal de dolor desde la columna vertebral hasta la parte baja central del cerebro están casi por completo desarrollados.

Muchos de los neurotransmisores empiezan a desarrollarse a partir de la semana trece, y continúan desarrollándose hasta la semana treinta. Los conductos de las endorfinas parecen estar operativos a partir de la semana quince. Si una madre fuma o bebe, toma tranquilizantes o está nerviosa o deprimida durante la gestación, sus cambios hormonales y sanguíneos impactan el sistema nervioso del bebé. Un trauma de esta naturaleza puede conducir a la fisiología del bebé hacia la pasividad o la hiperactividad, dependiendo de la clase de trauma.

Debido a que esta dislocación de las funciones es determinada durante las primeras semanas, puede ser fácilmente confundida con una determinada predisposición genética. Con posterioridad, cuando se producen aflicciones, será prácticamente imposible decir cuál es el origen.

Tres niveles de sensaciones

Una empresaria va de vacaciones a una playa de un paraíso tropical, esperando escapar de su estresante estilo de vida durante unos días. Pero una vez allí descubre que no puede parar y relajarse. Si no se mantiene ocupada con algo, jugando a las cartas o haciendo deporte, se siente intranquila y tensa.

Cuando una persona no puede estar relajada en una playa tranquila, y no puede identificar que es exactamente lo que la está poniendo en tensión. ¿De donde nace ese estrés?

Según la teoría primal, se trata del "intruso primal" que empuja por debajo de la superficie de nuestra consciencia alerta. El trauma impreso desde hace ya décadas continúa afectándonos y empujándonos a hacer cosas, aunque no sintamos lo que es.

¿Cómo puede ser esto?

Porque poseemos diferentes estructuras en el cerebro que procesan diferentes niveles de consciencia, y mecanismos bioquímicos que median en la represión.

Estas son las estructuras del cerebro o niveles de consciencia:

La 1ª línea de consciencia se corresponde con el "cerebro instintivo" o complejo cerebral reptiliano.

Esta línea de consciencia incluye el sistema nervioso primitivo y es la primera línea en evolucionar.

Las funciones vitales están mayoritariamente bajo su control: la respiración, la actividad cardiovascular, las hormonas, los procesos digestivos... y controla la homeostasis, manteniendo la presión arterial, los latidos del corazón y otras funciones vitales. Los traumas que suceden al feto o al bebé antes de los seis meses de vida tienen una probabilidad muy alta de afectar a estas funciones.

Los dolores de la primera línea son los menos accesibles. Es el nivel de donde es más difícil recobrar los recuerdos. Aunque los pacientes hacen progresos durante toda la terapia, sólo cuando acceden a esta primera línea se producen cambios biológicos importantes. Sin el acceso a este nivel no podemos determinar el impacto tan increíble que el trauma en la primera línea produce en el desarrollo de síntomas y conductas posteriores, y como moldea lo que somos y lo que hacemos.

La 2ª línea de consciencia se corresponde con el "cerebro emocional" o sistema límbico.

Es el nivel afectivo o la mente del sentimiento. Se relaciona especialmente con la emoción y la motivación. Se empieza a desarrollar hacia el sexto mes y continúa durante la infancia. Este es el nivel en que los individuos pueden disfrutar la música, desarrollar imágenes o apreciar la poesía. La segunda línea no puede hacer cálculos matemáticos, pero puede soñar y mezclar emociones con las sensaciones de la primera línea para formar la experiencia.

La 3ª línea de consciencia es el "Cerebro Intelectual" o corteza cerebral.

Se corresponde con la capa externa de la materia gris del cerebro y cerebelo.

En la tercera línea de consciencia, razonamos y desarrollamos ideas, integrando la información de los dos niveles anteriores, proporcionando un significado a la experiencia.

El cerebro intelectual organiza las cosas intelectualmente, se relaciona con el mundo exterior, e integra los niveles de consciencia inferiores, ayudando a inhibir los impulsos y dando un sentido a los sentimientos. En esta línea se producen ideas para defendernos contra los traumas de la primera y segunda línea, se filtran las sensaciones y sentimientos sobrecogedores, y se doblega la lógica hasta que se acomode a nuestra verdad interior.

La habilidad de la tercera línea para inhibir los sentimientos nos permite hacer planes, proponernos objetivos y conseguirlos, seguir funcionando, aunque haya mucho dolor a otro nivel.

El cerebro intelectual empieza a jugar un papel activo hacia los seis años de edad y continúa desarrollándose hasta los veinte años aproximadamente.

Estos tres cerebros funcionan como ordenadores interconectados entre si, cada uno con su propia memoria y funciones especiales. Lo que hace cada uno de estos cerebros y como se interrelacionan entre si es fundamental para entender nuestra salud mental y física.

Cada uno de los niveles de consciencia contribuyen a formar lo que llamamos la mente. En una persona normal y saludable estas tres mentes distintas funcionan como un sólo aparato mental. Trabajan en armonía por el bien del organismo, permitiendo a la persona ser un "ser que siente y piensa", con reacciones emocionales saludables a estímulos exteriores, y la habilidad para pensar con claridad sobre estas emociones y usarlas como guías para la conducta.

Pero el trauma interfiere con esta armonía, provocando la inconsciencia. La represión interfiere con la integración entre estos tres niveles y causa la dislocación global de la función, tanto en la esfera del cuerpo como de la mente. Con la represión y la neurosis podemos sentir en una dirección y pensar en otra, podemos reaccionar a cosas que están conectadas a otras que han sucedido en el pasado en vez de a lo que está delante de nosotros en el presente. Reaccionamos al presente a través del filtro de los recuerdos almacenados.

Siempre defendiéndonos

Hay que hacer énfasis en que los recuerdos son llamados en sus propios términos, a su propio nivel y a su manera. No tiene que ver nada con las palabras en si mismas.

Si los padres de un niño le abandonan en la temprana infancia, puede que el niño no sea capaz de describir lo que pasa en términos como: "no me quieren y no quieren estar conmigo", pero el mensaje está ahí como un sentimiento. Su sistema frágil ya no puede reaccionar con normalidad y "ser él mismo". Tiene que desconectarse, enterrar el sentimiento, con el fin de seguir adelante. La memoria emocional puede contener una gran tristeza y sensación de vacío sin una imagen específica, pero aquí el sentimiento es la imagen. Cuando somos adultos lo denominamos depresión.

¿Qué peligro llevan los sentimientos ascendentes?

Casi todas las maniobras defensivas que hacemos tales como beber o utilizar drogas, hablar constantemente, comprar compulsivamente, obsesionarse con una cosa u otra, dedicarse de forma desmesurada a nuestro trabajo, etc., es un intento de rebajar nuestro nivel de energía, de forma que la tercera línea de consciencia pueda mantener su coherencia, aunque sea una coherencia neurótica.

Una gran cantidad de estrategias utilizadas en la medicina de la conducta utilizan esta conexión de la mente con el cuerpo. Bio-feeback, relajación regresiva, imágenes creativas y otras técnicas similares han conseguido ser eficaces contra el dolor crónico y otros trastornos. Pero ¿qué pasa con el dolor? ¿Desaparece? ¿O tan sólo hemos encontrado un remedio temporal para impedir que nos moleste?

La soledad

El poder de las ideas para suavizar el dolor explica también porqué la ideología de grupos como alcohólicos anónimos funciona. Parte del mensaje de las reuniones de alcohólicos anónimos es: "Tú no estás sólo, estamos contigo y te ayudaremos. Siempre vas a tener ayuda". Este mensaje contrarresta directamente el sentimiento reprimido de: "Estoy solo, y no hay nadie que me ayude", un sentimiento que tantos de nosotros hemos llevado muy dentro desde la temprana infancia. Son precisamente esos sentimientos reales los que nos hacen recurrir al alcohol con el fin de mantenerlos reprimidos. Asistimos para que nos ayuden en uno de esos programas de autoestima y la primera cosa que hacen es llenarnos con una ideología que contrarreste nuestra realidad interior.

Muchas personas que han sido abandonadas temprano en la vida, bien durante unos periodos de tiempo cortos pero cruciales, tal como ser puesto en una incubadora después de nacer, o durante periodos más largos en diferentes casas de familiares o guarderías, puede que no les guste estar solos. Estas personas prefieren estar y trabajar con otros. En vez de relajarse en casa con un libro, prefieren estar fuera con los amigos.

Ser útiles a todo el mundo es otra forma en que las personas "actúan". La única forma en que una paciente conseguía de niña la aprobación de su deprimida madre era haciendo cosas para ella, así se sentía útil. Todo lo llevó hasta la madurez. Sabía que si era útil sería querida. Cuando era invitada a una cena en casa de unos amigos, era ella la que hacía de anfitriona, limpiando la mesa, lavando los platos, etc.

El sentimiento real era que no valía para nada y por consiguiente no merecía ser querida. La "actuación hacia fuera" mantenía lejos el sentimiento real.

Mantenerse muy activo

Aunque lograr muchas metas no es siempre un ejemplo de "actuar hacia fuera", consideremos a un individuo que con gran energía siempre ha perseguido y conseguido lo que quería. Un buen trabajo, mucho dinero, una familia, una buena casa, tiempo libre. De repente se siente deprimido, desesperado.

Habiéndolo conseguido todo ¿a que más puedo aspirar? Ya no hay nada por lo que luchar. Pero la necesidad subyacente de conseguir permanece. Lo que ha conseguido en el presente no es precisamente lo que necesitaba como niño, así que se siente defraudado. Y ese sentimiento puede no ser consciente. La persona simplemente pone su atención en otras metas: más dinero, más éxito, más negocios, más libertad. Esto mantiene la lucha viva.

Deseos infantiles

No es ninguna novedad que la mayoría de los problemas en las relaciones surgen de las "actuaciones" de las necesidades insatisfechas. Un niño querido no es llevado a "actuar hacia fuera". La satisfacción de las necesidades durante la infancia nos permite tener necesidades y relaciones maduras. Podemos como adultos dar y recibir amor sin usar a nuestro compañero/a como un símbolo para obtener el "viejo amor". No necesitamos reafirmaciones constantes de que nuestro compañero/a nos ama.

Una vez que se instala el dolor, reaccionamos a ese dolor constantemente, cambiando la forma en que vemos el mundo. Mientras la impresión traumática permanezca, ciertas situaciones en el presente resonarán con el trauma temprano. Por eso, muchos de nosotros estamos tensos y nerviosos gran parte del tiempo. Esta es la razón por la que mucha gente reacciona con tanto estrés a las críticas. Incluso pequeñas críticas resuenan con las severas reprimendas de sus padres cuando eran pequeños. Esta es la razón por la cual tanta gente se siente destrozada cuando su novio o novia decide dejar la relación. Ese rechazo resuena con el significado sombrío del abandono en su infancia. Más aún, la cadena de dolor explica por qué vamos a reaccionar al estrés del presente de forma muy similar a como reaccionamos al estrés original.

Temores

Al igual que otros desordenes de la ansiedad, las fobias son un ejemplo excelente de cómo el pasado actúa en el presente a través de la cadena de dolor. Cuando una persona que padece una fobia entra en un ascensor el cerebro rastrea la historia, descubre una historia de sofocación, al nacer o quizá en una incubadora, y dicta las mismas reacciones frenéticas y aterradoras. La señal presente activa la vieja memoria que inunda el sistema. La persona no sabe que es del pasado de lo que huye, pero ¿cómo podría? ¿Cómo podría imaginar que a los 40 años de edad aún está reaccionando al tiempo que pasó en una incubadora después de nacer?
El sentimiento de ansiedad, paradógicamente a veces aparece cuando empezamos a sentirnos contentos. Imaginemos una situación agradable, la cena perfecta con la persona perfecta, buena música y un entorno acogedor. De repente uno percibe una sensación de incomodidad, una sensación de que la felicidad no puede durar mucho, de que algo terrible va a pasar.

Cuando los buenos sentimientos alcanzan un cierto nivel, su propia intensidad puede activar otros sentimientos buenos o malos, incluyendo los recuerdos traumáticos. Esto puede suceder después de hacer el amor, al tener un niño, después de una boda, al conocer a una persona especial, o después de recibir un premio o unas muy buenas noticias.

El sistema nervioso

Un trauma impreso en lo más profundo del sistema nervioso tiene un largo camino que recorrer antes de llegar a nuestra consciencia. Un elaborado sistema de compuertas entre los diferentes niveles puede cerrarse cuando hay un dolor fuera de lo normal. El propósito es mantener los niveles superiores sin sobrecargas por lo que está pasando en los niveles inferiores y así mantener el sufrimiento del dolor temprano lejos de la consciencia.

Los elementos químicos que sirven de intermediarios en las compuertas y que nos pueden hacer inconscientes son los neurotransmisores inhibidores, los opios naturales del cuerpo humano. Hay más de 50 y sirven para que las transmisiones de los mensajes de dolor no pasen a otros circuitos del cerebro. En definitiva, para mantenernos inconscientes.

Ya han pasado dos décadas desde el descubrimiento de muchas de las moléculas neurotransmisoras. Algunas de las endorfinas que el organismo fabrica para bloquear y contrarrestar un dolor excesivo son increíblemente poderosas, cientos de veces más fuertes que las morfinas.

El cerebro

Para recapitular, nuestro cerebro contiene diferentes niveles de consciencia. Nuestros mecanismos neurológicos y bioquímicos codifican y almacenan los recuerdos, incluso las memorias que suceden antes de nacer, y pueden cortar la comunicación entre los diferentes niveles. El hecho de que la represión corte la comunicación entre los diferentes niveles de consciencia nos explica por qué tanta gente se siente desesperada y miserable, aunque sus vidas parezcan satisfactorias en la superficie.

Cuando la parte de dolor de un trauma es desconectado de la consciencia, se produce una separación entre el "yo" real que sufre y el "yo" que no es consciente de ello. Hay dos "yos" separados en conflicto en el mismo cuerpo, presionando en los diferentes subsistemas y utilizando valiosa energía para reprimir el sufrimiento. Debido a que no ha alcanzado la consciencia y reaccionado ante ello, la impresión traumática continúa afectando la fisiología y la conducta de la persona, como si estuviera sucediendo en el presente.

El dolor primal puede ser desviado, recanalizado o reprimido, pero no puede ser borrado con consejos, programas de autoestima, visiones iluminadas, la voluntad o medicación psicotrópica.

Una vez que queda impreso en el sistema, se puede movilizar toda una montaña de voluntad para mantener la necesidad controlada, pero es una empresa inútil. La única forma en que el dolor primal (y las "actuaciones" que genera) puede ser erradicado, es reviviendo el recuerdo del trauma original para hacerlo consciente.

CAPÍTULO 10

ENTREVISTA A BERT HELLINGER

¿Qué se entiende por psiquismo familiar?
Observamos cuando trabajamos con la familia que todos sus miembros poseen un principio o fuerza común, al que denomino como sentido de familia. Podemos observar que una gran cantidad de personas poseen impulsos inconscientes para comportarse de cierta manera. Por ejemplo, si un miembro de la familia ha sido excluido o no se le ha prestado la atención debida, como cuando llega un nuevo miembro demasiado tarde y ya no hay más hermanos después, esa persona al llegar a la edad adulta tiene episodios frecuentes en los que no encuentra motivos para vivir.

En ese momento hacemos una constelación de familia. Eso significa que en un grupo, una persona es seleccionada como representante de esa familia y se le pide que escoja un personaje siguiendo su propia intuición. Tan pronto como esa persona ocupa su puesto y se convierte en portavoz familiar, es cuando vemos que la mayoría de los miembros apenas le conocen. Tan pronto como es escuchado, conseguimos que aflore su verdadera identidad.

¿Cómo trabaja entonces la terapia en esos comportamientos inconscientes?
Digamos en este ejemplo, que la persona selecciona a su padre, o la madre, o uno de sus hermanos, pero nunca él mismo. Entonces les hace comportarse como él los ve. Los olvidos familiares hacia alguno de sus miembros son muy frecuentes, pues no siempre el más necesitado es quien más recibe ayuda, sino que suele ser el más hábil para hacerse notar o quien más protesta. Entonces, en ese momento es fácil que los demás reconozcan que alguien ha sido perjudicado en esa familia a favor de otro.

Esto es especialmente grave cuando precisamente ese miembro olvidado fue el primero o el único que murió. Entonces selecciono un representante para el hermano muerto y le coloco delante de los otros. En ese momento es cuando afloran las verdades y si hay un miembro enfermo los demás comienzan a ayudarle de una manera más positiva y eficaz.

Habitualmente no se requiere demasiada información sobre el cliente antes de pedir que participe en la constelación familiar. ¿Por qué?
Sí, porque creo que la información debe salir poco a poco, durante la terapia, ya que cuando es el cliente quien la suministra inicialmente olvida muchas cosas que son esenciales.

¿Cuáles son las preguntas esenciales?
1. ¿Quién pertenece a la familia?
2. ¿Hay miembros que hayan nacidos muertos o alguien que haya muerto temprano?
3. ¿Ha habido cualquier problema especial en la familia, por ejemplo, alguien con una discapacidad?
4. ¿Estuvieron divorciados alguno de los padres o abuelos con anterioridad, o mantuvieron una relación afectiva importante?

Si se pregunta demasiado obstaculiza generalmente la franqueza del cliente y esto ocurre tanto en el cliente como en los representantes. Ésta es también la razón por la cual el terapeuta declina cualquier conversación anterior con el cliente o efectúa cuestionarios extensos. Además, los representantes no deben estar condicionados por los datos previos.

¿Cómo se selecciona para representar a una persona excluida?

Debe hacerse de modo inconsciente, no por su aspecto físico. La familia debe tener sus leyes y una de ellas es que cada miembro de una familia tiene el mismo derecho que los demás a pertenecer. Ahora bien, si se excluye u olvida a un miembro no pertenece más. El sentido de la familia es que debe estar completa. Ésta es una de las leyes.

¿Se puede elegir a un representante del más allá?
Es el alma de la familia o la conciencia de la familia quien escoge a esa persona. Nadie debe escoger a nadie. Es una fuerza que requiere que alguien, frecuentemente el más débil, tenga esa opción.
Si es un niño, es a menudo el más joven, pues sus fuerzas son menores, aunque no se puede generalizar.

¿Quiénes están incluidos en el sentido de la familia?
Un número concreto de personas pertenece al sentido de la familia:
1. Los niños, incluyendo los niños fallecidos o abortados.
2. Los padres y sus hermanos.
3. Los abuelos.
4. A veces uno de los tatarabuelos y, ocasionalmente, los antepasados más recordados.
5. Incluso personas que no son parientes pero que parecen pertenecer a la familia. Amigos íntimos, criados, etc.
6. Todos cuantos -y esto es importante- han estado ligados de algún modo a la familia. Esto incluye, particularmente, a antepasados, maestros, vecinos, así como todo aquel que su desgracia o bienestar afectó a la familia.
7. Víctimas de la violencia en la familia.

¿Puede compartir con nosotros algunas de sus experiencias?
Sí, por experiencias recientes, he visto que las personas que han sufrido una pérdida familiar, por ejemplo, una esposa anterior del padre, de quien él se ha separado, puede entrar a formar parte del conflicto de familia. La nueva esposa tiene

ventaja porque ha sido la otra quien sufrió la pérdida, así que también debemos incluirla en la familia. Y hay que representarla siempre.

Ésta es una de las leyes para las cuales no he visto ninguna excepción, y ella estará representada por un hijo de la segunda esposa. Una de las hijas, por ejemplo, de la segunda esposa, se sentirá repentinamente como la primera esposa. Está enojada con su padre y nadie sabe porqué. Ése es otra vez un resultado del sentido de la familia. Éste es el sentido de la familia.

¿Cómo se trabaja en constelaciones familiares con esos ingredientes?

Las constelaciones de la familia demuestran el estado de la familia y dónde está el problema. En el caso que acabo de mencionar como ejemplo, yo traería al sistema de la familia a un representante de la primera esposa. Y entonces, el hombre, su marido anterior, la mirará y dirá: "Estoy apesadumbrado por haberte hecho daño. Te honro como mi primera esposa". Y la primera esposa te dirá: "Eres el primero, y eso es importante. Guardo también buenos recuerdos tuyos y el que me hayas dado hijos". Y entonces la hija dice a la mujer que representa a la primera esposa en la constelación: "Soy hija tuya y de él". Y a su padre: "Eres mi padre, yo solamente tu hija. No tengo nada hacer con tu segunda esposa". En tales casos la hija también hace de rival de su madre porque su padre la ve relacionada con su anterior matrimonio.

También he observado que cuando los niños desarrollan eccemas, una afección de la piel, debo buscar reconciliar a las dos esposas, si quiero que se cure. Eso demuestra que muchas enfermedades son realmente debido al sentido de la familia.

¿Estos métodos son también aplicables con gente seriamente enfermas?

Sí, especialmente en caso de que el problema o la enfermedad están causados por implicaciones de uno o varios miembros de la familia.

¿Cuáles son los síntomas que responden lo mejor posible a una psicoterapia familiar?
Podemos ver resultados en ciertas enfermedades muy graves, por ejemplo el cáncer. En estos casos hay que anular el deseo de morir, pues es como si desearan seguir el destino de los familiares ya muertos. Un niño que oye cómo su familiar enfermo desea morir, quizá por dolor, puede desear suplantar al enfermo o al menos seguirle en su nuevo destino. Sabiendo esto, podemos aliviar tanto al enfermo como a la familia.
Otros síntomas se relacionan con el movimiento interrumpido hacia uno de los padres. Así, por ejemplo, los dolores del corazón o los dolores de cabeza, están expresando con frecuencia un amor conservado.

¿Pero cómo se siente una persona que ha asistido a la muerte de un niño?
En las constelaciones, observamos invariablemente que los difuntos, la enfermedad, y las que han sufrido son unos buenos sobrevivientes. Una muerte o desgracia es suficiente. Disponen del recuerdo de los muertos durante toda su vida. No solamente aman a ese niño, sino también a los vieron cómo sufrió o murió.

No estoy claro qué significa cuando dice, "reconoces su amor y honras su sino."
Cuando un niño muere, los otros miembros de la familia tienden a estar asustados, en parte porque también, quizá inconscientemente, sienten la clase de amor que les impulsa a unirse con el niño, a seguirle. Para contener su miedo, amortiguan sus sensaciones. Suelen cerrar con eficacia la presencia del niño en sus corazones y almas. Pueden hablar del niño, pero han cortado sus sensaciones.

Para que el amor tenga éxito, el niño debe tener un lugar en la familia, casi como si estuviera vivo. Los miembros de la familia que sobreviven deben vivir sus sensaciones hacia el niño y su pena. Puede ser que cuelguen una fotografía del niño, o planten un árbol en su memoria. Pero la cosa más importante es que los sobrevivientes incorporan a los difuntos con ellos en vida, y permiten que su amor para que el niño viva. Es importante en este sentido que no escuchen esas frases que les dicen: "Debes olvidarle de él cuanto antes" "Ya está muerto, es inútil pensar en ello" "Debes rehacer tu vida" Mucha gente actúa como si los muertos estuvieran fuera. ¿Pero dónde están? Obviamente, están físicamente ausentes, pero también están presentes aunque la vida continúe para los demás. Cuando tienen su lugar apropiado en la familia, el fallecimiento de las personas tiene un efecto suavizante del dolor. Si no, hay una gran ansiedad. Cuando consiguen su lugar apropiado, apoyan la vida.

¿Tiene utilidad las constelaciones para el tratamiento del SIDA?
Estar infectado por el virus del SIDA no es una dinámica de familia, al menos no directamente. Desde luego, la mayoría de la gente que contrae el SIDA son homosexuales, y la homosexualidad es una dinámica de familia. Para eso es conveniente que los representantes cambien su sexo simbólicamente. Si es un chico hará el papel de una chica. Cuando hay SIDA, la cuestión principal es que deben afrontan su destino, que no les ha llegado casualmente. En su momento asumieron el riesgo. Por lo que he visto y dado que no tienen muchas esperanzas de curarse, es fácil trabajar con ellos.

¿Cuál es su opinión de la homosexualidad?
Cada persona es una parte incorporada en el sistema en que vive, y cada uno tiene un valor igual en el funcionamiento de ese sistema familiar. Las diferencias de un sistema social es

la suma de la durabilidad y estabilidad. La conciencia procura excluir a quienes no quieren incorporarse.

Los individuos que son diferentes según el orden de la naturaleza funcionan con un nivel distinto que hace que la conciencia sistémica procure equilibrar el sistema para preservar el derecho de cada miembro a pertenecer al sistema. Esto tiene consecuencias muy serias para los miembros más jóvenes de un sistema de familia cuando alguien es excluido del sistema porque él o ella son diferentes. He visto muchos casos en los que personas más jóvenes sufrían terriblemente porque tuvieron que identificarse con un pariente más viejo que fue excluido de la familia debido a su homosexualidad.

Hay un hecho ineludible en la homosexualidad: Su amor no puede conducir a tener hijos propios. La insistencia de la naturaleza en cuanto a la procreación se refiere, solamente habla de heterosexualidad, y este hecho no puede ser negado por mucho que las leyes digan que la homosexualidad es también un derecho. O sea, los legisladores no pueden enmendar a la propia naturaleza. En cualquier sociedad sin niños los compañeros pueden separarse con menos culpa, pues solamente se hacen daño unos a otros. Pero cuando los padres se separan, este hecho tiene enormes consecuencias para sus hijos, y deben ser muy cuidadosos o sus hijos quedarán dañados por lo que ellos hacen. El divorcio es siempre un acto egoísta de dos adultos que deciden un día separarse para su propio beneficio. No es un derecho moral el que para que ellos sean felices hagan daño a sus niños. Esta culpa adicional es lo hace más difícil a los padres separarse, pero, paradójicamente, esto también refuerza su unión. Las parejas sin hijos –incluidas las parejas homosexuales- no tienen el apoyo de estas consecuencias para mantenerles unidos durante crisis.

Las parejas homosexuales, como otras parejas sin hijos, tienen que aclarar de forma consciente sobre el objetivo de su unión. Algunos objetivos son más conducentes a la estabilidad a largo plazo que las parejas heterosexuales, pero el deseo de evitar la soledad o el sentimiento de vacío, por ejemplo, no es un objetivo que apoya una unión a largo plazo. Cada uno tiene su propio camino en la vida, parte de ello lo escogemos, pero otra parte viene con la vida y realmente no la podemos escoger. Esto es la parte con la que es más difícil tratar. Los homosexuales con quien he trabajado -hasta los que mantienen que ellos escogieron su orientación sexual libremente- experimentan en sus vidas las consecuencias de lo que su comportamiento ocasionó a otros. Ellos han sido admitidos en la sociedad, pero esto les ha llevado un largo proceso de dolor.

Raras veces he trabajado con alguien que quiere "terminar " de ser homosexual. Cuando trabajo con personas homosexuales, la homosexualidad no es la cuestión primaria. Simplemente intento traer a la luz cualquier enredo que podría estar limitando la plenitud de su vida, pero no tengo ninguna intención de cambiar la orientación sexual de nadie.

¿Cuál es el modelo en relación a la homosexualidad?
He observado tres modelos de enredos sistémicos en conjunción con la homosexualidad, pero no sé si son en realidad su causa:

Un niño presionaba para representar a una persona del sexo contrario en el sistema, porque no había nadie de ese género disponible. Por ejemplo, un muchacho tuvo que representar a una de sus hermanas ya fallecida, porque no había ninguna chica. Otro muchacho tuvo que representar a la primera novia de su padre, quien había sido tratada injustamente. Esto es lo más difícil de los tres modelos que he visto.

Un niño presionaba para representar a alguien que había sido excluido del sistema de familia -había sido vilipendiado por el sistema- incluso cuando aquella persona no fuera del mismo género. Los homosexuales que viven en este modelo tienen la impresión de ser "forasteros". Por ejemplo, un muchacho era sistemáticamente identificado con el primer hermano de su madre, quien contrajo la sífilis y se retiró de su familia. Aunque el hermano actuó honorablemente, fue despreciado por su madre. Los sentimientos del muchacho representante debieron ser muy similares a los que ese hombre debió haber sentido.

¿Cuál es la dinámica en el funcionamiento con drogadictos?
Cuando hay una adicción, por ejemplo, el alcoholismo, tenemos constelaciones de familia muy extrañas. En una familia la esposa desprecia a su marido. Y ella no quiere que los niños honren al marido o vayan con él y con su familia, alegando que: "soy buena, él no es bueno". Y luego los niños se vengan de la madre, demostrándola que se equivoca y no es buena.

En cuanto a los drogadictos mi consejo es que los terapeutas deberían ser hombres, aunque si hay mujeres que hablan bien de los varones también pueden ayudar, evitando que digan algo como "pobrecito" o tratándoles como si fueran niños que deben hacerse hombres.

Hay una imagen muy simple para comprender esto: por ejemplo, establecí a un padre -en una Constelación- y detrás de él coloqué al abuelo, y detrás de él al bisabuelo. Y luego el adicto se apoya contra su padre y esto le proporciona una fuerza masculina que le ayuda.

Pero de otra parte, muchos adictos son suicidas, y esto crea otra dinámica. Un niño quiere seguir a una persona muerta, por ejemplo la madre o el padre... desarrollando una enfermedad, o siendo propenso a los accidentes o también teniendo tendencias suicidas.

¿Cuántas veces tiene que repetir una Constelación?
No hay repeticiones. Esto se hace una sola vez. La Constelación muestra el camino y luego hay que comenzar a funcionar. Pero no es tan fácil porque si, por ejemplo, un niño quiere morir en vez de su padre, entonces esto necesita un desarrollo especial dentro del alma para que el niño pueda

seguir estos pasos. No se puede lograr una curación o una solución teniendo el reloj como referencia. Tenemos que apoyar el alma y encontrar en los recursos que tiene la familia.

¿Qué las leyes gobiernan el comportamiento de los que pertenecen al alma de familia?

Como dije antes, los miembros de la familia se comportan como si todos ellos compartieran un alma común, o una conciencia común, y como si todos estuvieran sujetos a una autoridad común más alta. Hasta que aparece esta autoridad siguen ciertas leyes y demandas.

El **primer fenómeno** que vemos, es que los miembros de una familia están atados juntos por esta alma mayor, o el alma de familia. Esto es cierto hasta el grado en que una madre, cuyos padres mueren temprano, siente un deseo de seguirlos en la muerte. Incluso los padres o abuelos de vez en cuando quieren seguir a su niño o nieto en la muerte, y podemos observar esta dinámica también entre compañeros. Si uno muere, a menudo otro pierde el deseo de vivir.

El **segundo fenómeno** que notamos, es que hay un impulso de equilibrar beneficios y pérdidas a través Generaciones. Esto significa que alguien que ha sacado ganancia de otro, el costo de ello lo deberá pagar con una pérdida equivalente para compensar. Si los que se benefician eran también los autores, sus descendientes a menudo tienen que terminar por pagar. El alma de familia los usa en el lugar de sus antepasados, con frecuencia sin que nadie sea consciente de ello. Y si alguien fue culpable en una antigua generación, pero no afrontó su culpa, entonces alguien de una generación posterior asumirá la expiación por aquella culpa. Eso es lo que vemos con los asesinos nazis, por ejemplo. Muchos descendientes de dos o tres generaciones posteriores, tienen una tendencia a suicidarse; ellos quieren reparar el daño.

En otras palabras, el alma de familia favorece antes a los que llegaron primero que a los posteriores. Esto representa un

tercer fenómeno, u orden natural del alma de familia. Alguien que nace más tarde está preparado para morir por alguien que vino antes al sistema, sacrificando su propia vida en una tentativa de prevenir la muerte de otro miembro de familia. O, el miembro de la familia posterior puede estar expiando la culpa irresoluta de alguien que vino antes. Una hija puede representar a la antigua esposa de su padre, y comportarse como si fuera la rival de su madre. Si la antigua compañera del padre hubiera sido malvada, la hija puede asumir los sentimientos de ella hacia los dos padres.

El **cuarto fenómeno** del alma de familia asiste a la integridad de la familia y exige que cada miembro de familia tenga el derecho de pertenecer. Los miembros de familia posteriores representan a los miembros más antiguos que han sido excluidos u olvidados, honrando su derecho de pertenecer, y restaurándolos a la familia haciendo un lugar para ellos. Siempre que un miembro sea excluido u olvidado, entonces esta clase de conciencia o alma escoge alguien de una generación posterior, y esta persona entonces representa la vida del antiguo.

¿Qué constituye el acercamiento fenomenológico?
El campo visual fenomenológico se extiende desde un punto de vista estrecho a una conciencia amplia, de lo que está cercano y al alcance de la mano, a vistas distantes. Esto significa que en vez de mirar sólo en el cliente, el terapeuta también mira a la familia entera; y en vez de mirar sólo en el cliente y su familia, mira más allá de ellos, a un campo más grande de fenómenos y al alma que contiene todo esto. Un individuo y su familia están atados por un campo mayor y afectados por las fuerzas de un alma común, que parece dirigirlos. Además, parece claro que un problema sólo puede ser entendido totalmente, y las soluciones sólo pueden surgir, cuando nuestra visión es muy amplia.

Si espero asistir al alma del cliente, debo mirar su alma dirigida por el alma de familia. Pero si sólo miro al cliente y su familia puedo reconocer que hay problemas, enredos, pero la solución no puede presentarse hasta que haya una conexión más allá del individuo y su familia. Estas dimensiones están más allá de nuestra influencia. Simplemente debemos permanecer abiertos y receptivos. A menudo el cliente no quiere revelar ciertos detalles y se cierra contra ello. El terapeuta debe admitir esto, no puede enredarse en el destino del cliente y su familia. Esto puede parecer insensible, pero nuestra experiencia ha demostrado que es lo mejor para el cliente, así como para el terapeuta.

¿Puede darnos ejemplos en cuanto a aquellas familias de gran riqueza?
En constelaciones con descendientes que habían adquirido gran riqueza, vemos destinos particularmente difíciles en nietos y bisnietos, que no podían ser explicados por acontecimientos en una sola familia. Se hace evidente que hay un gran efecto en varias generaciones.
Es el mismo caso que aquellos trabajadores que murieron durante la construcción del ferrocarril o en la producción petrolífera, cuya contribución a la prosperidad de sus patrones no fue reconocida y honrada.

¿Y si alguien ha sido asesinado en una familia?
Le daré un ejemplo en un grupo de supervisión. Un terapeuta establece a un cliente. El padre había matado a su esposa, las hijas fueron abandonadas y puestas al cuidado de la hermana de la esposa. Los dos niños están muy afectados. Establecí al hombre, la mujer, la hermana y a los dos niños. La mujer inmediatamente se asustó y se dio media vuelta para proteger a su hermana. El hombre quiso marcharse. Él, en realidad, se había suicidado después de haber asesinado a su esposa. Entonces tuve que hacerlos afrontar la verdadera cuestión. Traje a la esposa para mostrar que no estaba viva, que está muerta, y que no podía proteger a su hermana. Reestablecí la realidad en este punto. Entonces volví al hombre y le pedí

que mirase a su esposa. Él la miró y no pudo moverse. Entonces le hice respirar profundamente y de repente gritó de dolor. Era algo muy profundo. Un dolor enorme. Luego le fallaron las rodillas, miró a su esposa y nuevamente gritó, pero ya la pudo mirar. Él estaba también muerto. Y luego los dos se movieron juntos con el deseo profundo de gustarse. Esto fue algo extraño, pues después quedaron unidos por un amor profundo. De esto he podido sacar la conclusión de que hasta el hecho más traumático puede volver a unir afectuosamente a las personas.

¿Qué ocurre cuando un miembro de la familia es el autor del asesinato?
Respecto a asesinos y víctimas, los asesinos sienten que son muy fuertes cuando están frente a sus víctimas. Pero en la constelación, cuando están con las víctimas, son ellas las que se hacen grandes y los asesinos muy, muy pequeños. Es una especie de equilibrio, un ritual de curación.
Hemos visto que las perturbaciones ocurren cuando en la vida se asume algo que sólo los muertos entre ellos pueden alcanzar. Hay que tener una visión de futuro para lograr curarse a otro nivel.
En muchas constelaciones que implican a los descendientes de asesinos, por ejemplo, los autores durante el Régimen Nazi, ha quedado claro que los nietos y bisnietos quieren mentir a las víctimas, pues existe un peligro de fuerte tendencia suicida. La solución es similar para ambos grupos. Deben mirar a las víctimas y reconocer a todos los miembros de la familia, llorando y pidiéndoles perdón.

¿Qué pasa cuando la gente estuvo implicada en guerras civiles?
Una observación reciente que hice en constelaciones de familia y que tiene que ver con los acontecimientos históricos bélicos, consiste en que cuando permitimos a las víctimas muertas y los asesinos muertos enfrentarse, no es necesaria

ninguna intervención ajena. Habrá un movimiento donde ellos están juntos y todo lo que fue considerado como injusto o que requiere expiación, deberá aclararse. He visto esta dinámica en diferentes constelaciones, como cuando la hija de un líder sindicalista había sido secuestrada (posiblemente ajusticiada.) La pedí escoger a un representante para su padre y cinco hombres para representar a las otras víctimas, un representante para el jefe de los autores y cinco hombres para representar a todos los autores. Entonces sin que nadie dijera una palabra, nosotros vimos cuánto dolor había en las víctimas muertas, y el movimiento -que duró 20 minutos- permitió que ambos, autores y víctimas, pudieran descansar en paz.

Cuando hay enredos colectivos muy intensos, que implican gran sentimiento de culpa y sufrimiento, hay que buscar el camino adecuado para llegar a la reconciliación.

¿En que otras áreas puede ser aplicado su método sistémico?
Hay una tendencia actualmente a ampliar al campo de la psicoterapia e incluimos muchas otras áreas, porque parece que eso que denomino las Órdenes de Amor -que conduce a los problemas- puede ser aplicado a terapias poco habituales. Como un ejemplo menciono el trabajo en prisiones. Nosotros estábamos en Londres el año pasado y trabajamos en tres prisiones; era asombroso cómo el trabajo fue recibido positivamente por los prisioneros. En Alemania hay ahora una investigación en marcha efectuada para aplicar este trabajo en prisiones. Mi sugerencia es que hay que trabajar primero con asesinos y sus víctimas, porque esto es un caso extremo que nos muestra mejor el camino adecuado. Pienso que si podemos encontrar en este grupo los modos de solucionar estas cuestiones difíciles, entonces esto puede ser aplicado más fácilmente a otros campos.

Otro campo son las escuelas. Los profesores pueden hacer esto, aplicándolo sin necesidad de ser psicoterapeutas. O con el trabajo social también puede ser aplicado con facilidad. Es posible, igualmente, encontrar soluciones para dificultades de relación en organizaciones políticas o sindicales. En estos casos intentamos alejarnos de las restricciones de la psicoterapia y aplicarla en un campo más amplio. Creo que esto está bastante en la armonía con lo que podemos alcanzar.

¿Hay otras líneas nuevas?
Hay un gran trabajo para poder aplicarlas en conflictos étnicos. Conflictos en familias y comunidades causadas por diferencias de religión, cultura e historia compartida; sus consecuencias en el inconsciente del individuo, de la familia y de la nación; la transmisión de los valores generacionales; con tentativas para hallar soluciones que puedan promover el acortamiento entre la psicoterapia y las decisiones políticas.

¿Cuál es el modelo para solucionar problemas de relación dentro de organizaciones o empresas?
Primero tendré que explicar cuál es mi modelo. El modelo se deriva del trabajo con constelaciones de familia. Eso significa que en un grupo, una persona puede seleccionar a los representantes para los miembros de su familia y ponerlos en un espacio en relación uno a otro. Tan pronto como esa gente haya ocupado sus lugares, con los jefes y encargados que representen a la compañía, conseguimos un cuadro claro de la organización y de las sensaciones que los diversos miembros tienen.

¿Por qué es importante tener un cuadro tan claro?
Mi opinión es que el jefe de una organización debe instalar sus representantes de forma intuitiva. Debe conseguir rápidamente un cuadro en el cual todos se relacionen entre si. Puede quedar sorprendido al ver a las personas que forman parte de su empresa y que apenas si tenía en cuenta. Eso significa que hay algo que no iba bien y que posiblemente estén insatisfechos. Por ejemplo, puede ser que el ejecutivo no ejercite su autoridad de manera que apoye a sus

encargados, así que ellos no se sienten seguros y no pueden dar lo mejor para la empresa. Son menos eficaces de lo que podrían serlo. Sin embargo, si son gente competente pueden buscar otra empresa.

La pregunta está en cómo remediar esta situación. Un experto que haga este trabajo con constelaciones en una empresa, tomará ciertas medidas para descubrir cuál es una buena solución para que toda la gente esté satisfecha y sea más eficaz. Por ejemplo, él dará vuelta al ejecutivo para que haga frente a los encargados, y que estos puedan al mismo tiempo hacer frente al ejecutivo. Puede ser que alguno de ellos no esté en la posición correcta. Por ejemplo, si un encargado ha organizado su departamento en el último momento y trata por ello de controlarlo todo, esto pudo molestar a otros. Hay que poner entonces a los encargados de las distintas divisiones en cierto orden, en la cual cada uno de ellos sienta que ocupa el lugar correcto.

La empresa suele tener diversas clases de "órdenes" que hay que considerar. La primera es quién ocupa los puestos más importantes, y el ejecutivo es quien ocupa siempre el primer lugar. El administrador es su mano derecha, y los otros deben ponerse según la importancia de su puesto. Sin embargo, no sabemos de antemano exactamente qué división es la más importante. Podemos intentar descubrirla. Una vez que hemos cambiando el lugar de los representantes descubrimos lo que sienten cuando deben acatar una orden correcta o incorrecta.

Hay una segunda "orden" que funciona en familias y en organizaciones, lo que significa que una persona que ensambla una organización anterior coge el excedente de los que llegaron después. Ahora, si hay varios que están en el mismo nivel de la función, quien llegó primero a la organización debe ocupar el primer lugar desplazando al ejecutivo dominante.

¿Por qué ocurre esto?
Es algo que he observado. Pondré un ejemplo. Estaba una vez con un consultor para una constelación porque tenía problemas para conseguir una buena agenda de trabajo en las actividades del próximo año. Puesto que había llegado muy pronto le situé a mi izquierda. Al resto les puse según su importancia. ¡Entonces se sentaron todos y se reclinaron! Lo que supuse que era una revelación. Ese es el tipo de señal que hay que tener muy en cuenta y no adoptar normas rígidas.

¿Este sistema sirve para organizar una reunión?
Por supuesto y hay que situar a los participantes según el orden de responsabilidad. Ahora, si en la reunión hay gente de departamentos de diversa importancia y hay varias personas con categorías similares, deben ser colocadas dentro de su subgrupo.

¿Desde cuándo trabaja con este método en organizaciones?
He sido antes profesor, y apliqué muy pronto la dinámica de grupo dentro de una escuela. Estábamos muy acertados con la autodeterminación dentro de esa escuela. Eso ocurrió en Sudáfrica. Aprendí cómo trabajar dentro de un grupo grande de manera que los individuos se sintieran que existía un control y por otra parte que percibieran que tenían derechos y responsabilidades según su función. Era una escuela de 140 muchachos. Un colegio de internos, con solamente un hombre a cargo de la escuela entera. La escuela elegía a los representantes de los muchachos; cinco representantes de la clase alta y entonces uno cada uno de las otras clases. Era como un tablero de ajedrez. Si había dificultades las debían manejar por sí mismos. Una vez por semana decidían qué cosas hacer, daban las órdenes y así funcionaba perfectamente. Ésta fue la primera experiencia que tuve en dinámica de grupo, y tuvo mucho valor.

En esa época hice psicoterapia y un poco después comencé a hacer las constelaciones de familia y entonces me pidieron aconsejar a varias organizaciones: hospitales, clínicas psicosomáticas y otras instituciones, sobre cómo solucionar problemas de organización. Allí probé algunas soluciones que había empleado en las constelaciones. Pronto desarrollé un amplio conocimiento sobre cómo aplicar fácilmente mi método en cualquier organización.

¿En contextos empresariales, cuál serían un desafío para cada uno de los miembros de un equipo de encargados y cuál sería su contribución a la organización?
Lo primero es que ellos tendrían que concertar la autoridad de su ejecutivo. Después el ejecutivo tiene que utilizar su autoridad para permitir que los encargados de las subdivisiones hicieran lo mejor. Y si entienden esto, el ejecutivo podrá utilizar su autoridad, pero dejando cierta libertad, donde puedan desarrollar su criterio. Si hay varias divisiones, es importante que las coordinen, primero divulgando realmente lo que hacen en sus divisiones, segundo qué necesitan en sus divisiones y tercero qué es lo que quieren planear. Cuando se realiza una reunión general los encargados tienen ya una idea clara de lo que van a exponer y que debe estar condicionado por el conjunto de la organización. Es muy importante que mientras que cada uno de ellos informa nadie le interrumpa. Nadie habla hasta que todos han presentado sus ideas. Si eso se lleva a cabo así, los otros entenderán lo que necesita cada uno en su división. Ahora pueden contribuir a ayudar a quien tiene problemas y entonces habrá un intercambio. Verán cómo pueden realmente cooperar para que todas las divisiones individuales funcionen.

¿En su experiencia, cuáles son los problemas principales encontrados en el trabajo como consultor en organizaciones?
Lo primero es averiguar si el ejecutivo ejercita su autoridad al

servicio de todos. Después es ver si realmente hay una democracia y si se apoyan todos entre si. Cuando hay que discutir todos los detalles que un hombre pueda decidir, hay demasiada energía acumulada, y demasiada basura inútil. Es frecuente que el ejecutivo demuestre que tiene realmente la autoridad. Si esto es aceptado por todos sin problemas hay una sensación positiva de servicio. De no ser así, se emplea demasiada energía en oponerse, normalmente a espaldas del ejecutivo. Éste es un punto importante.

En segundo lugar, los individuos deben tener una descripción clara de sus responsabilidades. Debe haber límites claros entre las distintas divisiones, y nadie debe ser permitir que interfieran de manera que se obstruya el trabajo realizado. Y por supuesto, debe haber cooperación entre las distintas divisiones en la manera que acabo de describir.

¿Qué clase de conflictos de autoridad son los más comunes cuando, por ejemplo, un dueño designa al director general?
El dueño de una compañía tiene siempre la autoridad más alta y el director general puede ejercitar solamente su autoridad si él tiene la ayuda del dueño. Lo primero es que se respete al dueño y sus decisiones y que consiga ayuda de los empleados. En cualquier organización el paso más importante para mejorar es que la gente se respete, eso es la cosa más importante. Y la primera persona que debe ser respetada es el director general -el jefe o dueño-. Si lo respetan, él da libertad y la libertad a sus colaboradores hace que se sientan mejor.

¿Puede dar ejemplos de cuando no respetan al jefe el modo más adecuado para que todos se entiendan mejor?
Hay que abandonar la idea de que un director general es quien piensa siempre lo mejor y que solamente desea cambiar la organización según sus ideas. Habrá entonces personas en la compañía que sean leales al dueño, pero esto creará una división que es muy perjudicial para el desarrollo de la organización. Cuando un encargado no respeta las normas

debe ser despedido. No hay otra solución. El problema también se crea si uno en una posición más baja es muy ambicioso y desea subir de categoría –lo que ustedes denominan como un "trepa"- y desea expulsar a otros de sus lugares. Esto crea inseguridad entre todos, obstruyéndose el trabajo de los demás y los flujos de energía son destructivos.

¿Qué aportan las Constelaciones?
Vemos que inmediatamente la gente que siente odio o desconfianza hacia otros se relaja, y aparecen sus verdaderos sentimientos. Hay que colocar a los más afectados en lugares preferenciales.

¿Cómo se hace?
El presidente tiene que hacerlo. Cuando convoca una reunión, debe permitir que cada uno exprese solamente sus necesidades y sus objetivos, para que él pueda hacer su trabajo del mejor modo posible. Cuando todos han hablado, entonces cada uno de ellos dice lo que debe ser cambiado.

¿Ha notado que la gente frecuentemente dice y hace gestos despectivos de alguno de sus compañeros?
Suelo dejar que la gente hable sobre alguien a quien han despreciado o marginado, aunque solamente lo justo. Si no permitimos la vehemencia el clima de la reunión cambia inmediatamente. A veces, si alguien ha hecho daño a alguien, le permito que diga una vez "lo siento", justo una vez, nada más. Esto es suficiente para tranquilizar el ambiente.

¿Y si alguien ha sido despedido injustamente?
Si en una organización una persona es despedida injustamente todo que los demás se sienten inseguros, y entonces su lealtad es mínima. Así que el beneficio previsto cuando alguien es despedido debe ser comparado con lo que se pierde entre todos los otros empleados. Esto debe ser considerado con mucho cuidado.

Cuando alguien injustamente ha sido despedido la persona que lo hizo debe reconocer que fue injusto, y decir: "creo que fue injustamente despedido y le rehabilito". Esto no siempre es posible, pero al menos reforzaría la lealtad de todos los empleados. Si no es posible este reconocimiento del error, entonces debería haber un gesto como: "siento que haya ocurrido", y puesto que no puede ser admitido de nuevo, al menos siente lo sucedido. A veces es también apropiado darle algún apoyo para que encuentre otro lugar de trabajo.

¿Los despidos siempre son criticados por los empleados?
Con frecuencia son los mismos empleados quienes solicitan la expulsión de uno de ellos. Tal vez el propio empleado forzó el despido en su beneficio. La autoridad más alta debe hablar sobre la posibilidad de rehabilitarle o no a ese empleado.

CAPÍTULO 11

RAZONAMIENTOS FINALES

Si se tiene en cuenta la formación psicoanalítica de su creador, no sorprende que los supuestos básicos de las Constelaciones Familiares posean un marcado carácter psicodinámico, colectivo, donde la colectividad está constituida por la familia, con especial referencia a los miembros precedentes. También el esquema terapéutico que maneja las Constelaciones Familiares recuerda intensamente al psicoanálisis, puesto que se trata de sacar a la luz contenidos inconscientes o no expresamente conocidos (aunque el dominio de esos contenidos sea la familia cronológicamente considerada, y no una psique individual) y transformarlos a través de una vivencia controlada en la sesión terapéutica.

Es conveniente aclarar que las ideas de fondo de las Constelaciones Familiares no han sido hasta ahora expuestas sistemáticamente, esto es, formuladas en forma de proposiciones que compongan un modelo, ni en forma de hipótesis que se pretenda verificar (de hecho, como veremos, este es el problema que primero deberían resolver sus autores.) El principal referente teórico lo constituye la obra del propio Hellinger que dista de ser sistemática, aunque ha sido corregida por otros autores (este libro es un ejemplo), que ofrecen una panorámica completa pero más divulgativa que profesional. Se quiere decir con esto que las afirmaciones que se harán a continuación han sido deducidas libremente de la lectura de tales obras, y que no es pretensión de estas páginas llevar a cabo tal sistematización. O dicho de otro modo: la primera regla de las Constelaciones Familiares es que no tiene reglas fijas, y eso deja mucho margen para la improvisación y el ajuste en cada caso, pero se necesita de un terapeuta experimentado para aprovechar esta característica como su mejor virtud.

Desde un punto de vista descriptivo, las Constelaciones Familiares sostiene como idea principal que determinados hechos impactantes tienen un efecto residual en todos los miembros de la familia en la que ocurren, y que las dinámicas no resueltas que persisten tras tales hechos se transmiten a generaciones posteriores. Se trata de una herencia sutil e inconsciente de obligaciones que fueron contraídas por familiares precedentes, y que viajan a través de las generaciones formando parte del acervo cultural familiar. La exaltación, también inconsciente, por parte de un miembro posterior de una obligación es lo que se llama un enredo o una implicación, por la cual el cliente paga así las consecuencias de conflictos no resueltos originados por hechos que no vivió. Como la herencia de Adán y Eva, por ejemplo, aunque obviamente no hace falta remontarnos tan lejanos en el tiempo.

Otra forma de enredo consiste en la identificación del cliente con otro familiar ya desaparecido, de forma también involuntaria sin que le sea conocido. Suele tratarse de ascendientes que sufrieron un sino especial en su vida, como el abandono, la muerte prematura, la ejecución de un crimen, etcétera. Mediante esta identificación, consistente por ejemplo en asumir maneras de comportarse similares, el miembro actual reintroduce en el sistema, por así decir, al miembro anterior que en su día estuvo excluido o ausente.

Ésta es la razón por la que el coordinador de las sesiones se interesa sobre todo por los acontecimientos traumáticos pasados y llama a representar especialmente a sus protagonistas. Así se entiende que la muerte (en la que se incluyen los abortos) adquiera un papel fundamental en las configuraciones, al constituir el trauma por antonomasia de la vida familiar.

Veamos algunos ejemplos de enredos:

1-   Un embarazo no deseado que conduce a un matrimonio infeliz puede derivar en un sentimiento de culpa del hijo por la infelicidad de los padres.

2-   Las ideas suicidas y el comportamiento autodestructivo de un adolescente pueden entenderse como solidaridad con un hermano muerto en accidente a edad muy temprana.

3-   La actitud agresiva de una mujer hacia su pareja puede ser la expresión de la ira reprimida de una ascendiente maltratada por su esposo.

4-   Una mujer joven incapaz de mantener relaciones amorosas estables puede estar identificándose con una antigua novia del padre, que en su día fue abandonada por él de forma injusta.

Pues bien, siguiendo la lógica de las Constelaciones Familiares, es posible no sólo descubrir sino también deshacer tales enredos a través de la técnica antes expuesta. La dinámica que se desarrolla durante la representación familiar revelará los posibles enredos y otras relaciones perjudiciales mediante las sensaciones vividas por los representantes. Si dos personas están efectivamente "enredadas", sus representantes en la configuración manifestarán ese vínculo a través de una atracción mutua.

La tesis más arriesgada de las Constelaciones Familiares pudiera ser cuando aseguran que los puestos que ocupan los representantes poseen su propia identidad y fuerza, de manera que experimentarán durante la constelación las mismas sensaciones que las personas a las que representan. La descripción de este fenómeno y las explicaciones que para él se han propuesto son francamente insatisfactorias, al menos para quienes no creen que las experiencias de nuestros ancestros puedan influir en nuestro destino.

Como quiera que sea, los cambios que el coordinador va introduciendo en la configuración de la familia y las frases rituales que se pronuncian al final permiten romper los enredos, diluir conexiones negativas, o aclarar actitudes respecto a otros miembros de la familia. En definitiva, las Constelaciones Familiares lograrían una reconciliación con la historia familiar y con sus protagonistas. El coordinador dirige estos cambios basándose en un determinado orden familiar, consistente en un conjunto de normas que, para bien ser, deben regir el funcionamiento de cualquier familia. Una de estas normas es la autenticidad: todos los miembros deben estar integrados en la familia y ser reconocidos por los demás, las exclusiones generan tensión y *enredos*.

Otra es la tendencia a equilibrar los saldos de pérdidas y ganancias. Si alguien obtiene un beneficio perderá algo por otro lado, y si no, serán los descendientes quienes ajusten el balance. Otra se refiere al rango: los miembros anteriores tienen prioridad sobre los más jóvenes, lo que quiere decir por ejemplo que los hijos siempre deben honrar a padres y abuelos, pero no necesariamente al revés, o que el hijo primogénito tiene prioridad sobre sus hermanos.

Resulta obvio que las Constelaciones Familiares considera el vínculo familiar y el sentimiento de pertenencia de sus miembros como la variable psicológica básica, con independencia del grado de estabilidad del vínculo que de hecho exista o de la opinión que uno tenga al respecto. Existe una tendencia fuerte y natural a mantener un vínculo familiar saludable, sin el cual será difícil experimentar bienestar psicológico o mantener vínculos saludables con otras personas. Y la salubridad de la familia se mide en términos del *orden* antes mencionado, es decir, depende de la medida en que cada miembro ocupe su lugar y asuma sus responsabilidades en el sistema, y se sienta integrado y respetado.

Eficacia

Comenzaremos por revisar la eficacia de las Constelaciones Familiares como procedimiento terapéutico, puesto que al margen de cualquier otro particular y dado que el cliente paga por recibirla, lo primero es constatar si realmente cumple su objetivo.

Lo que no hay duda es que los participantes manifiestan una gran satisfacción en estos seminarios, lo que sin duda explica la rapidez con que se extiende la práctica de los mismos, sólo posible gracias a una buena promoción boca-a-boca. Los libros ocupan ya puestos notorios en las estanterías de las librerías, lo que es una prueba del interés que suscita. Pero éxito de ventas y asistencia a los seminarios no significa necesariamente eficacia terapéutica, y pocos han sido hasta ahora los intentos serios de comprobarla. El asunto es que no se puede juzgar su validez bajo un punto de vista "científico", y debemos hacerlo solamente con un prisma empírico, justo lo que Hellinger pide. Si lo comparamos con el conductismo, el cognitivismo o el psicoanálisis, las Constelaciones Familiares saldrán bien paradas, puesto que seguramente ninguno de esos métodos posee los adecuados datos comparativos.

El interés académico por las Constelaciones Familiares comenzó mucho después del éxito, y por eso no disponemos de pruebas contrastadas, ni de estadísticas fiables. Uno de los pocos métodos evaluatorios disponibles es la tesis doctoral de Höppner (2001), quien intentó buscar cambios en una muestra de 85 clientes tras someterse a esta terapia. La conclusión fue insólita: reconoció que el cambio psicológico inducido por una Constelación familiar se produce a través de un cambio de la *imagen interna* de la familia. También intentó medir el bienestar psicológico antes y después de la terapia, encontrando mejoras significativas en un periodo de seguimiento de cuatro meses, lo que no es poco. Esta disminución del malestar es más significativa cuanto más específica, es decir, cuanto más relacionada con la demanda concreta que llevó a la participación en las Constelaciones Familiares. Un dato clínico interesante que aporta este trabajo es que aquellos clientes cuyo estado de partida es un malestar psicológico leve o mediano, se benefician más de las Constelaciones Familiares que aquellos que acuden con una carga severa. En todo caso, los estudios no pudieron ser evaluados durante un mayor periodo.

Bien, pongamos por caso una persona que acude a que le den un masaje corporal, pues se siente tenso, con estrés y duerme mal. Indudablemente al finalizar se sentirá mejor, más feliz incluso, y sus problemas físicos habrán disminuido, mientras psicológicamente aceptará sus tensiones personales con mayor objetividad y optimismo. ¿Ha curado el masaje en profundidad a esa persona? Seguramente no, al menos en el futuro, pero ese día y los siguientes todo será mejor. Suficiente. Nadie puede garantizar la curación eterna mediante ninguna terapia.

Los postulados de las Constelaciones Familiares

Si fuéramos sus detractores –que no lo somos, en absoluto-, ¿qué podríamos decir en contra para descalificar esta terapia? Lo más habitual es que no se trata de un "método científico", pero este concepto en las enfermedades del alma no nos sirve, así que habrá que buscar algo mejor. La base teórica de las Constelaciones Familiares parece moverse más bien en el terreno de lo dogmático, donde el criterio verdad o falsedad reside en la autoridad de quien expone las ideas y no en su consistencia lógica, o en su paralelismo con otro sistema más tradicional como la terapia de grupo. De hecho, los conceptos enunciados por Hellinger no son discutidos, pero tampoco han sido comprobados (en eso estamos), lo cual no les resta interés pero sí validez. Algunas cuestiones serían además muy sencillas de comprobar (la satisfacción de los clientes), lo que despierta la sospecha de que el no hacerlo responde más a desinterés científico que a la falta de medios o a dificultades metodológicas. También podrían ser celos profesionales. ¿Cómo admitir como interesante y válido un método psicológico descubierto por un no-psicólogo?

Veamos un ejemplo referido al concepto psicopatológico central de las Constelaciones Familiares: el *enredo*. Según éste, los fallecimientos tempranos suponen un trauma familiar tal que predisponen al sufrimiento de los que quedan con vida, sobre todo los hermanos del fallecido, y este sufrimiento tiene el sentido de *seguir* –simbólicamente- al hermano muerto. Esta aseveración no es difícil de comprobar y de hecho, en aquellas familias en las que ha fallecido un niño (incluso por aborto espontáneo, mucho más provocado), los hermanos vivos padecerán más trastornos depresivos o mostrarán más comportamientos temerarios que en las familias en las que esto no ha ocurrido.

Antes de poder discutir con seriedad acerca del concepto de *enredo*, es imprescindible que hipótesis como ésta sean sometidas a prueba. La falta de comprobación resulta casi bochornosa cuando se analiza el fenómeno de la supuesta *transferencia de conocimiento* a los representantes en la configuración. Todo el procedimiento de las Constelaciones Familiares se basa en la convicción de que cada puesto en la constelación guarda una identidad propia y característica, y que los representantes son un medio para revelarla. Es más, Hellinger y sus autores afines afirman sin ningún reparo que esta identidad es la de la persona real a la que se está representando. En consecuencia, los representantes sienten y perciben *igual* que lo hacen (o hacían) los representados, que emergen y se manifiestan a través de ellos.

Los defensores de esta idea se dan por satisfechos con confirmarla a través de sus vivencias clínicas. Por ejemplo, Ulsamer (1999), un autor con una amplia experiencia como terapeuta, explica cómo los clientes, que atienden siempre con vivísimo interés a lo que ocurre durante su constelación, raramente dan a entender que las declaraciones de los representantes sean inexactas. Esto confirmaría nada menos que el acceso de los representantes a una realidad que ha permanecido oculta a los demás.

Este generoso salto argumentativo se justifica recurriendo a un concepto llamado *campo de conocimiento* (*knowing field*) o *campo morfogenético*. Está tomado de la biología y fue formulado en los años ochenta por Sheldrake (1981) con la intención de dar cuenta de ciertos fenómenos observables en sistemas complejos que resultan difícilmente explicables con los modelos habituales. Se refiere a campos de información -que no de energía ni de materia- difíciles de constatar, pero cuya existencia se deduce, que ejercen influencia sobre la forma en que se auto-organizan determinados sistemas, modificando la probabilidad de que ocurran sucesos en principio aleatorios.

Rupert Sheldrake

Rupert Sheldrake es uno de los biólogos más controvertidos de nuestra época. Sus teorías están revolucionando no sólo la rama científica de su campo, sino que desbordan hacia otras disciplinas como la física y la psicología. Los científicos ortodoxos le acusan de introducir la filosofía en la ciencia.
En su libro "Una Nueva Ciencia de la Vida", Sheldrake toma posiciones en la corriente organicista u holística clásica, sustentada por nombres como Von Bertalanffy y su Teoría General de Sistemas o E.S. Russell, para cuestionar de forma tajante la visión que da por explicado cualquier comportamiento de los seres vivos mediante el estudio de sus partes constituyentes y posterior reducción de los mismos a leyes químicas y físicas. Sheldrake, en cambio, propone la idea de los campos morfogenéticos, los cuales ayudan a comprender cómo los organismos adoptan sus formas y comportamientos característicos.

"Morfo viene de la palabra griega morphe –explica-, que significa forma. Los campos morfogenéticos son campos de forma; campos, patrones o estructuras de orden. Estos campos organizan no sólo los campos de organismos vivos sino también de cristales y moléculas. Cada tipo de molécula, cada proteína por ejemplo, tiene su propio campo mórfico -un campo de hemoglobina, un campo de insulina, etc-. De igual manera cada tipo de cristal, cada tipo de organismo, cada tipo de instinto o patrón de comportamiento tiene su campo mórfico. Estos campos son los que ordenan la naturaleza. Hay muchos tipos de campos porque hay muchos tipos de cosas y patrones en la naturaleza..."

La gran contribución de Sheldrake ha consistido en reunir nociones vagas sobre los campos morfogenéticos (Weiss 1939) y formularlos en una teoría demostrable. Desde que escribió el libro en el que presenta la hipótesis de la Resonancia Mórfica, en 1981, se han llevado a cabo numerosos experimentos que, en principio, deberían demostrar la validez de esta hipótesis.

La propia teoría de Sheldrake es controvertida en biología, lo que no parece molestar a los autores de las Constelaciones Familiares, que la dan por sentada. En los textos es manejada, más que otra cosa, como un concepto sonoro que se deja caer según convenga, sin profundizar en su pertinencia ni justificar su aplicabilidad a contextos clínicos. Con independencia de lo acertado de estas explicaciones, el problema principal radica simplemente en que no sabemos si hay o no algo que explicar. En este punto es absolutamente necesaria una comprobación empírica, objetiva y contrastada que demuestre, para empezar, si diferentes personas en los mismos puestos (o sea, representando a la misma persona) experimentan o no sensaciones parecidas. No basta con la impresión del coordinador, sujeto igual que los participantes a la tranquilidad de una sesión clínica, y con el inconveniente de no poder repetir constelaciones. Hasta entonces, lo más honesto será pensar que los clientes tienden a percibir y a atender a aquellas manifestaciones de los representantes que para ellos resultan significativas, además de que la propia información disponible *in situ* sobre el sistema familiar puede marcar tendencias en el sentir de quien está participando en el juego. De cualquier modo, tal planteamiento no resta fuerza o eficacia al procedimiento, aunque tal vez sí fascinación.

El orden de las familias

Se ha acusado a Hellinger y a sus defensores de querer imponer a las familias las normas que a ellos les parecen correctas. Sugerencias tales como que los hijos deben honrar incondicionalmente a los padres, que bajo ningún concepto nadie debe ser excluido de una familia, que el abandono de la patria tiene consecuencias negativas, han sido calificados de reaccionarios, encasilladores y antiemancipativos; aunque esto nos parece más una postura tradicional juvenil que objetiva.

Sin embargo, probablemente lo que Hellinger llama *órdenes del amor* supone una normativa familiar aplicable de forma universal sin necesidad de reflexión o análisis. Veamos un ejemplo: Según este conjunto de normas, un embarazo extramatrimonial implica automáticamente una nueva familia, y ésta tiene en cualquier caso preferencia sobre la anterior. Conforme a ello, viéndose uno ante tal coyuntura no cabe otra salida, si es que se desea evitar el sufrimiento a largo plazo (*enredos*), que la unión de los nuevos padres y el abandono de las familias anteriores. En este punto Hellinger se lo ha puesto muy fácil a sus críticos, pues el pretender una única solución posible, y además predeterminada, a problemas humanos tan complejos, puede ser calificado como mínimo de simpleza. En su defensa podríamos alegar que los problemas aparentemente complejos tienen con frecuencia soluciones sencillas, en oposición a los psicólogos, quienes insisten en que la mayoría de los problemas requieren muchos meses de tratamiento…y dinero.

Hay quien ha juzgado contraproducente la participación en las Constelaciones Familiares, por dar precisamente la espalda a la complejidad y cerrar a los clientes vías razonadas e idiosincrásicas de manejar su malestar y sus problemas. Bueno, como este mismo argumento es el que esgrime reiteradamente la medicina oficial para desacreditar a quienes eligen el camino de la Medicina Natural, no lo tendremos en cuenta. Y es que considerar que un problema psicológico es siempre complejo, que requiere mucho tiempo para su resolución, no es el camino más acertado para llegar a la resolución. Hechos tan simples como un abrazo, un beso, acompañar o escuchar, pueden tener un efecto curativo más eficaz y rápido que la mejor y prolongada de las terapias psicológicas.   ¿No es acaso lo que realmente quieren los beligerantes, sin más preámbulos ni condicionamientos?

El encuadre teórico

Una última cuestión merece ser comentada por su importancia académica. Existe una tendencia cada vez más acusada por parte de los autores de las Constelaciones Familiares a clasificarla entre las terapias sistémicas, cuestión con la que no todos los sistémicos están de acuerdo, aunque algunos elementos sí coinciden en ambos enfoques. Esta terapia, para que quede claro, se centra en el paciente no en solitario sino en su contexto social primario, la familia.

Lo más evidente es el peso fundamental que conceden a la familia en los problemas humanos y la necesidad de tenerla en cuenta para sus soluciones. En una época en donde el egoísmo individual se está anteponiendo al colectivo de la familia, nos parece algo acertado. Ya casi nadie mira por el bien común, sino por su realización y felicidad personal, empleando palabras como "Tengo derecho a ser feliz", "Debo mirar por mí mismo", "Nadie me debe condicionar", etc… Este egocentrismo ocasiona no pocos sufrimientos a quienes les rodean, pues la felicidad de unos arrastra a la desgracia y soledad a otros, lo que resulta grave en el seno de una familia o relación sentimental.

Puesto que ya apenas hay el concepto de familia, en la cual todos los miembros deben renunciar a algo a favor del colectivo, todo para dar solidez al grupo, este frescor nos parece razonable. El divorcio de los padres es el hecho más significativo y frecuente, en el cual dos personas adultas deciden disgregar la familia para resolver su problema personal. Mayor egoísmo imposible.

Las Constelaciones Familiares defienden además una concepción ciertamente sistémica de las familias, en tanto que las entiende en función de la conexión y el equilibrio dinámico entre los componentes, de manera que un movimiento en uno de ellos tendrá efectos en todos los demás. Las terapias sistémicas tradicionales, sin embargo, no suelen interesarse por movimientos procedentes del pasado, que son en cambio la base tanto argumental como práctica de las Constelaciones Familiares. La semejanza termina aquí.

Y en lo que se refiere a la forma en que se desarrollan las sesiones, las Constelaciones Familiares difieren notoriamente de cualquiera de las propuestas sistémicas de terapia. Entre otras cosas, en las Constelaciones Familiares no llega a existir entre terapeuta y cliente una relación (dependencia) psicoterapéutica en sentido estricto, razón por la cual algunos críticos rechazan que las Constelaciones Familiares merezca ser considerada como psicoterapia. Aquí vemos solamente una cuestión puramente comercial y corporativista, en donde el colectivo de psicólogos intenta defender su trabajo tradicional, con largas y costosas terapias, clientes casi de por vida, oponiéndose a una terapia de sesión única y ciertamente más barata.

Conclusiones

Algunas particularidades de las Constelaciones Familiares, pero sobre todo la actitud de algunos de sus autores y practicantes, hacen que su imagen pública esté teñida de un cierto esoterismo y que se le atribuyan propiedades casi mágicas. Con ello se ganan seguramente clientes con más celeridad, pero también se corre el peligro de despertar rechazo -como de hecho es el caso- en ambientes más "científicos", y de que sus elementos aprovechables queden diluidos en un aura de misterio. Despojarse de ese talante enigmático favorecería enormemente su justa valoración y el reconocimiento de sus logros. No obstante, creo que debería ser justo que empleáramos la definición "esoterismo" en su justa medida, que no es otra que la demostración empírica de un hecho, sin más artificios de laboratorio.

Como hemos visto, la corriente sistémica "profesional" desmiente que las Constelaciones Familiares puedan ser catalogadas entre sus terapias, aunque ambas coincidan en el acertado reconocimiento de la familia como el contexto en el que los trastornos psicológicos cobran sentido. Lo inusual de las Constelaciones Familiares es entender la función del síntoma como equilibrador de traumas pasados y vividos por otros. La utilidad clínica de esta consideración merece ser revisada, puesto que la tesis inicial de las Constelaciones Familiares es ciertamente plausible.

Es indiscutible que acontecimientos negativos importantes del pasado familiar pueden tener consecuencias para los parientes venideros, incluso se hace necesario determinar de forma importante la organización actual del sistema familiar y el carácter de las relaciones entre sus miembros. Las Constelaciones Familiares llama la atención así sobre la conveniencia de un modelo que permita integrar eventos pasados en la comprensión de las circunstancias familiares actuales. Sin embargo, el modelo que propone las Constelaciones Familiares se cierra a sí mismo, pues se declara autosuficiente para detectar en unos pocos minutos la causa del hecho patológico (el enredo), y del mismo tirón hallarle solución (la imagen modificada de la constelación familiar). Soluciones indudablemente no se aportan al final de una terapia, pero cambios demostrables sí, tal y como manifiestan casi con unanimidad quienes han participado en ellas, incluso como meros espectadores.

En cuanto al edificio teórico que sustenta las Constelaciones Familiares, dos cosas serían urgentemente necesarias: su sistematización (esto es, formular sus proposiciones de forma que sean manejables por todos), y su filtrado a través de pruebas empíricas. Es cierto que la psicología contemporánea no siempre ha respetado el principio de que las teorías deben formularse en estrecha conexión con los hechos, de modo que esta crítica puede ser vertida también sobre otros enfoques y modelos. Pero el caso de las Constelaciones Familiares es particularmente estridente, puesto que las ideas de Hellinger presentan más bien el aspecto de una normativa a la manera de los mandamientos (tal vez influya el hecho de que viviera 25 años como religioso), talante que se manifiesta también en la falta de discusión sobre ellas. Sus defensores admiten sin más estas normas, lo que quizá impide que se puedan cuestionar y, mejor aún, perfeccionar. Quizá deberíamos esperar a que Bert Hellinger fallezca (a quien deseamos por supuesto larga y fructífera vida), a partir de cuyo momento sus seguidores, tal y como ocurrió con la homeopatía, seguramente mejorarán los resultados y terminarán por ser aceptados por la comunidad científica.

El problema es que la ciencia está acostumbrada a rechazar primero y manejar después fenómenos que de entrada no entiende. De hecho, ésa es su competencia y su cruz. Pero lo primero de todo es constatar tales fenómenos. A partir de ese momento serán bienvenidas todas las teorías que puedan aclararlo, por rupturistas que sean con la ortodoxia.

En resumen, en el futuro las Constelaciones Familiares debería presentar pruebas de sus postulados y evaluar la eficacia del procedimiento con seguimientos a medio y largo plazo. Sólo así será posible valorarla en su justa medida. La investigación futura pide saber qué alcance tienen sus beneficios y en qué casos éstos son más significativos. De momento todo parece indicar que el efecto que se genera en los clientes, aunque importante, no es duradero; pero de esto tampoco podemos estar seguros, ya que no hay seguimientos posteriores de esos clientes. De ser cierto su efecto pasajero, su validez sería como terapia relajante, lo que no es poco. En principio, y hasta que se demuestre lo contrario, hay que pensar que las soluciones a los problemas psicológicos, sin menoscabo del papel que el pasado de la familia pueda tener en ellos, están más ligadas a las circunstancias presentes, en las que las Constelaciones Familiares no introduce cambios, si acaso indirectos a través de los cambios de la imagen familiar privada del cliente.

La técnica que se emplea es probablemente un instrumento eficaz para sacar a la luz dinámicas familiares significativas, y tal vez resulte especialmente útil para trabajar con familias con estructuras complejas. Un interesante acercamiento futuro consistiría en utilizar la información proveniente de las Constelaciones Familiares para emprender acciones o cambios en la vida real, aunque para ello sería necesario un modelo que proporcione las pautas para sugerir tales cambios, que de momento no existe. Del mismo modo, otras terapias podrían beneficiarse de las Constelaciones Familiares como un instrumento complementario destinado a revelar relaciones significativas o dinámicas familiares que puedan ser objeto de trabajo psicoterapéutico.

ÍNDICE

Consiga un
divorcio
amoroso
EDICIONES
MASTERS

Ética y comportamiento social
El arte de estar como se debe estar
EDICIONES MASTERS

FÍSICA CUÁNTICA Y PSICOLOGÍA

Ho'oponopono
La curación por el perdón

Adolfo Pérez